# 教育4000问

## 为思考教育问题提供研究线索

王佐书　张小莹◎著

◆ 人格需要人格教育

◆ 感情需要感情投入

◆ 智慧需要智慧启迪

◆ 精神需要精神感染



开明出版社

# 前 言

思维始于问题。创新始于问题。发展始于问题。

看到问题是思考问题的开始。看到问题是解决问题的开始。看到问题是改革创新的开始。看到问题并不等于解决问题。看到问题并不等于一定能解决问题。看到问题总比看不到问题高明得多。

做不到的事不能想不到。做不到的事不能看不到。做不到的事不能永远做不到。

智慧需要智慧的启迪。上哪儿去找智慧？上哪儿去学智慧？上哪儿去请教智慧？智慧需要什么样智慧的启迪？

问题是智慧。问题是启迪智慧的钥匙。问题是智慧的海洋，取之不尽，用之不竭。如何寻找问题？如何利用问题？如何利用问题启迪自己的智慧，是聪明人的惯用做法，也是聪明人的具体表现。

问题是一个人最好的最实在的老师，关键是如何“尊敬”这一老师。分析问题是每个人经常遇到的事情。分析问题是课堂，问题是教材，问题是老师。分析问题是走进课堂、自我提高的有效途径。分析问题是利用“望远镜”“显微镜”和“广角镜”的有效方法，分析问题应当具体问题具体分析。分析问题应当找到反映本质的问题和因素。分析问题没有固定的模式和方法。分析问题是解决问题的前提。分析问题越彻底、越全面，越容易做到越全面、越彻底地解决问题。分析问题是自我提高的有效途径。分析问题显示个人的素质和能力，同时又提高个人的素质与能力。分析问题有不同水平、层次的分析。分析问题有不同途径、方法的分析。分析问题的水平，涉及认识问题的水平。认识问题的水平，影响解决问题的水平。

问题是创新动力的源泉之一。问题常常是事业发展的指路明灯。慎重对待问题是利用指路明灯的第一步。

社会是发展变化的。社会上的问题也是发展变化的。解决社会上的问题的方法也是发展变化的。做事应当与时俱进，思考问题应当与时俱进，处理问题应当与时俱进。

我国已经改革开放 45 年。改革开放必然会带来改革开放的效益和问题。改革开放的问题必然要用改革开放的眼光和方法对待和解决改革开放的问题。

我国已经改革开放 45 年。影响我国改革开放的因素变得越来越复杂。复杂的因素来自于国内，同时也来自于国外，要特别重视来自国外隐蔽因素的影响。

本书提出了 4308 个为什么，内容主要涉及思维和教育。问题表面上看并没有答案，主要是抽丝剥茧地不断提问，然而，仔细研究与推敲，就会发现字里行间似乎隐含着问题的答案，这是本书的最大特点。“他山之石，可以攻玉。”一个个问题为思考者点燃了一串串火花，本书的目的便是为思考教育问题提供研究线索，以起到抛砖引玉的作用。

“凡事预则立，不预则废”，多思考确实有益而无害。

# 目　录

# 一、规律永远是无声的命令

分析：

1. 规律不能创生，对吗？

2. 规律不能创造，对吗？

3. 规律只能发现，对吗？

4. 规律只能遵循，对吗？

5. 规律永远是客观存在的，对吗？

6. 人们只能根据认识规律的水平来遵循规律？

7. 人们认识规律越全面，按规律办事的成分越多，办事成功的机会越大，对否？

8. 规律为什么永远是工作中无声的命令？

9. 人们是否认识到：工作中除了人为的命令（规定），还有规律的命令？

10. 规律永远是工作中的无声命令，其本质是什么？

11. 规律永远是工作中的无声命令，其对人们思考问题提出什么要求？

12. 规律永远是工作中的无声命令，其对工作者的素质提出什么要求？

13. 规律是如何命令工作者工作的？

14. 在工作中，有多少人是按规律办事？结果如何？

15. 在工作中，有多少人不按规律办事？原因如何？

16. 规律永远是无声的命令，它对人们的工作有无声的要求，对人们的工作还有无声的惩罚和奖赏，如何养成按规律办事的好习惯？

17. 规律永远是无声的命令，规律永远是无声的老师，如何尊重这一老师？尊重表现在何处？

18. 教育有什么规律？

19. 各级各类教育有什么规律？

20. 教育的基本规律是：社会用才规律，学校育才规律，培养出来的人才具有可持续发展素质的规律，对否？为什么？

21. 教育规律如何应用到教育中的各个环节？教育规律把握教育的方向吗？

## 二、存在决定意识

分析：

1. 存在决定人们的意识，人们的意识又对社会存在起反作用？
2. 目前，社会存在什么？决定人们什么意识？
3. 目前，世界存在什么？决定人们什么意识？
4. 人们的意识决定了人们什么行动？对社会有什么影响？
5. 人们应当如何评价“社会存在”？
6. 人们应当如何根据“社会存在”做好本身的工作？
7. 人们应当如何利用“存在决定意识”做好和谐社会的工作？
8. 存在决定意识，社会的存在是人们行为的指挥棒吗？
9. 就业困难决定人们什么意识？
10. 到处讲文凭决定人们什么意识？
11. 贫富差距较大的社会决定人们什么意识？
12. 在一些领域的个别人相当腐败，决定人们什么意识？
13. 社会的存在是一本教科书？它如何教育人们？
14. 社会的存在是教育人、影响人的课堂吗？
15. 社会存在决定学生家长什么意识？
16. 学生家长的意识决定学生什么行动？
17. 中国的存在决定美国什么意识？
18. 中国的存在决定日本什么意识？
19. 中国的存在决定欧盟什么意识？
20. 中国的存在决定第三世界什么意识？
21. 美国的存在决定中国什么意识？

22. 国家如何利用“存在决定意识”来治理国家？

23. 因材施教是教育原则。社会存在决定学生思想意识。学校施加何种影响，影响学生的意识？学校做些什么，影响学生意识？

24. 存在决定意识对学生的思想有深刻的影响，对否？为什么？学校如何贯彻好教育方针？

## 三、方向比努力重要

分析：

1. 方向指什么？包含哪些内容？是指工作方向？还是思考问题的方向？还是指导思想所确定的办学方向？

2. 在正确方向的指导下，努力工作，会带来什么效益？

3. 在错误方向的指导下，努力工作，会给事业带来多大损失？

4. 如何理解“偏见比无知离真理更远”？

5. 在特定工作中，由什么在决定工作方向？

6. 在特定工作中，由什么来判定工作方向？

7. 在特定工作中，由谁来调整工作方向？

8. 在特定工作中，由谁来把握工作方向？

9. 在特定工作中，正确的方向来源于何处？

10. 在特定工作中，错误的方向来源于何处？

11. 在特定工作中，如何使工作的方向始终在正确的轨道上？

12. “方向比努力重要”意义在何处？

13. “方向比努力重要”给人们的工作带来什么启示？

14. “方向比努力重要”应当成为思考问题的一个通则，对否？为什么？

15. 有人讲“方向不明干劲大”，其工作的危险性在何处？在工作中，有这样的事吗？

16. 要把握工作中的正确方向，把握者应当具有什么理论基础？

17.“方向比努力重要”这一思想是对领导干部素质的要求，把握正确方向是领导干部最重要的责任之一吗？

18. 办教育的方向是什么？

19. 从哪些方面分析办教育的方向？

20. 教育评价和教学评价会发生教育方向的改变吗？会给教育造成重大损失吗？

21. 如何牢牢把握正确的办教育的方向？

## 四、方向比努力重要在于不要迷失方向

分析：

1. 方向比努力重要。在办教育的过程中有哪些因素在指导办学的方向？

2. 教育的本质在指导办学的方向吗？

3. 习近平总书记的重要讲话在指导办学的方向吗？

4. 教育方针在指导办学的方向吗？

5. 教育的规律在指导办学的方向吗？

6. 学校的功能在指导办学的方向吗？

7. 办学的评价体系在指导办学的方向吗？

8.“三材一化”在指导办学的方向吗（“三材”指人才、器材、教材；“一化”指校园文化)？

9. 有了方向就有了目标，有了目标就有了任务，有了任务要设计过程，有了过程就有了办事的方法，有了方法就有了办事的效果，有了效果就有了评价，有了评价就有了对工作的反馈，这一逻辑顺序在指导人们在方向的指导下如何办学吗？

10. 办学在大方向一致的情况下，不同类型、不同层次的办学会有不同的教育方法，对否？为什么？

11. 办学的大方向是不变的，办学的阶段性的工作目标是与时俱进的，

可以这样思考吗？

## 五、为任何一项事业服务都是一个体系

分析：

1. 任何一项事业都存在于一个体系之中，对否？为什么？

2. 任何一项事业都服务一个体系，对否？为什么？

3. 为任何一项事业服务都是一个体系，对否？为什么？

4. 为中国特色社会主义道路服务是一个体系，对否？为什么？

5. 理论对中国特色社会主义道路服务，服务的基本点是应当怎样走？

6. 制度为中国特色社会主义道路服务，服务的基本点是用什么制度来做保证？

7. “道路—理论—制度—文化” 构成一个为社会服务的体系？

8. 为农业服务是一个体系，即“良种—良田—良法—良策”？

9. 在学校为教育服务是一个体系，即显现课程和隐蔽课程？

10. 为文化建设服务是一个体系，即物质文化、行为文化、制度文化和精神文化？

11. 为任何一项事业服务都是一个体系，对思考问题、管理学校等带来的启示是什么？

12. 为任何一项事业服务都是一个体系，如何设计这一体系？如何利用这一体系？如何评价这一体系？

13. 社会上有些工作没有做好，是体系不完整还是操作问题？

14. 社会上为什么总要求“顶层设计”？其要求的目的是什么？其反映的问题实质是什么？

15. 为任何一项事业服务都是一个体系，其本质是什么？对人们的工作有什么要求？

16. 为任何一项事业服务都是一个体系，可以作为思考问题的一个原则吗？

17. 有必要在全社会增强体系意识吗？如何增强学校的体系意识？

18. 为农村医疗服务是一个体系，即政策、器械、药品、技术，舍去一个条件能很好地为农村医疗服务吗？如果有好的政策，配备了器械，药品是全的，就是缺技术，能很好地为农村医疗服务吗？由此而带来的浪费是什么？健全体系的意义何在？

19. 老百姓讲："买得起马，买不起鞍"，马也不能用，说明了什么道理？是四两拨了千斤还是四两浪费了千斤？社会上这种浪费有多少？

20. 四两浪费了千金带给人们的启示是什么？

21. 在教育中有"四两浪费千斤"的事吗？

22. 如何优化学校为教育服务的体系？

23. 为任何一项事业服务都是一个体系，要求人们要有体系意识、要研究体系、改革体系、优化体系，充分利用体系为一项事业服务，对否？为什么？

24. 建设高质量教育体系，体现在何处？

## 六、是一个体系为药到病除服务

分析：

1. 什么是药到病除？可以简单地理解为吃了药病就好了？

2. 做到药到病除的条件是什么？

3. 药到病除的条件之一是病看得准？

4. 药到病除的条件之二是药下得准？

5. 药到病除的条件之三是药作用的时间准？

6. 药到病除的条件之四是患者遵医嘱准？

7. 是一个体系为药到病除服务，对否？

8. 药到病除带给人们思考的问题是什么？给人们思考问题带来什么启示？

9. 药到病除说明的道理是什么？给人们思考问题带来什么启示？

10. 药到病除对人们的工作有什么要求？

11. 药到病除的方法论意义是什么？

12. 如何分析一个事物？如何分析表面现象？如何分析深层次问题？如何将体系意识渗透其中助力分析问题的水平？

13. 会分析一个问题比知道一个问题要高明得多，前边是“渔”，后边是“鱼”，对否？

14. 如何学会由例及类的学习？这样的学习有体系意识的渗透吗？

15. 如何学会由表及里的学习？

16. 如何学会由浅入深的学习？

17. 如何学会举一反三的学习？

18. 如何学会在一般事例中找到深刻的道理？体系意识会帮忙吗？

19. 能利用“药到病除”的方法，除去教与学中的病吗？

20. 提高学习效率需要一个体系为之服务，如何设计？

21. 建设高质量的教育体系，如何设计施工？学校如何为之助力？

22. 强化体系建设的意义在什么地方？

23. 为任何一项事业服务都是一个体系，可以看成是一条规律吗？

## 七、办任何事都存在可控因素和不可控因素

分析：

1. “5·12”汶川地震可控吗？

2. 日本“3·11”地震引起的海啸可控吗？

3. 美国用玉米制了乙醇，不出口粮食可控吗？引发世界粮食涨价了，可控吗？

4. 欧盟想尽办法要制裁中国出口的产品，可控吗？

5. 世界一些强国想方设法遏制中国的发展，可控吗？

6. 我国出现的自然灾害可控吗？

7. 针对房地产政策而言，国家出台一个政策，房地产商可控吗？

8. 在学校育人教书的教师，面对社会对学生的影响可控吗？

9. 做任何事都存在可控因素和不可控因素，可以作为思考问题的一个方法吗？

10. 在你的工作中，你能分析什么因素可控，什么因素不可控吗？

11. 做任何事都存在不可控因素，难道工作就没法干了？计划就没法做了？不可控因素要求人们的工作如何趋利避害？

12. 办任何事都要盯住什么是可控因素，什么是不可控因素，对否？道理何在？对工作会带来什么益处？

13. 办任何事都要时时刻刻盯住可控因素，做好可控因素，来抵御不可控因素的变化带给工作的损失，对吗？

14. 如何评价一个人的工作？如何评价一个单位的工作？如何将可控因素和不可控因素的思想渗入其中？

15. 提醒可控因素和不可控因素的目的在何处？

16. 如何缩小不可控因素？这是对人们工作的要求？

17. 如何将不可控因素转变为可控因素？这是人们工作的能力和责任心的表现？

18. 在教与学的过程中，教师如何将不可控因素转变为可控因素？

19. 如何分析不可控因素形成的原因，使教师在形成不可控因素之前做“未雨绸缪”之事？

## 八、最优化是对每一个人工作的要求

分析：

1. 什么是最优化？

2. 最优化是在当时的条件下，使用的人力、物力、财力、精力、时间最少而获得的效果最好，对否？

3. 最优化是在当时的条件下获得的效果最好，最优化有固定的模式吗？

4. 最优化要求人们要“具有最优化思想、找到最优化方法、争取最优化效益”，对否？

5. 最优化是对领导干部的要求？

6. 最优化是对领导干部素质的考验？

7. 最优化要求人们明确方向、遵循规律、坚持原则、灵活机动，找到又好又快符合实际的工作方法？

8. 如何在工作中坚持最优化思想？有什么思想在阻碍最优化思想对人们的影响？

9. 在最优化思想指导下，如何评价干部的工作？如何评价取得的成绩？

10. 最优化是落实科学发展观思想的具体表现形式之一，方法之一，可以这样思考吗？

11. 最优化可以作为评价人们工作的一个标准吗？

12. 最优化思想本质是什么？

13. 最优化思想给人们工作带来的启示是什么？如何用类比的方法扩大其在社会中的效益？扩大到办学的效益？

14. 如何用最优化思想评价一个单位的工作？评价一个单位取得的成绩？

15. 最优化思想应当渗透到干部工作的各个环节，如何渗透？可以这样思考吗？

16. 什么是教学中的最优化？

17. 最优化教学是在当时的条件下，教师和学生使用的时间和精力最少，而获得的效果最好，对否？

18. 人们要追求最优化的工作效果，想方设法找到最优化的工作方法，这是对人们的要求？

19. 如何追求在教与学中的最优化？是减轻课业负担的有效方法？

## 九、最优化应当是工作中永远追求的目标

分析：

1. 如何分析，最优化是一种观念？

2. 如何分析，最优化是一种思想方法？

3. 如何分析，最优化是一种理论？

4. 如何分析，最优化是工作原则？

5. 如何分析，最优化是对工作的要求？

6. 如何分析，最优化是评价工作的一种方法？

7. 如何分析，最优化是工作应当追求的目标？

8. 如何分析，最优化是对工作的指导？

9. 如何分析，最优化的工作方法是人们素质和责任心的具体体现？

10. 如何分析，最优化是构建节约型社会应当提倡的方法？

11. 最优化思想要求在最优化观念指导下，考虑问题最优化，设计最优化，解决问题最优化，实施最优化，评价最优化，效果最优化？

12. 最优化思想要求工作的全过程始终坚持最优化，使各个工作环节无限逼近最优化？

13. 最优化要求始终贯彻系统化思想？

14. 最优化要求工作的各个部门配合最优，各个地区配合最优、各个行业配合最优？学校中，各门课程配合最优？教学中，各个环节配合最优？

15. 最优化要求有联系的各个因素之间，有最优化的结构，有最优化的组合，形成最优化的体制和机制，从而获得最好的效果？

16. 如何思考，最优化应当成为工作中永远追求的目标？

17. 最优化教学不是预先制定好的模式，而是实际活动的产物，可以这样理解吗？

18. 研究最优化，永远不能脱离实际，对否？为什么？

19. 最优化含义是当时条件下效果最好，对否？为什么？

## 一〇、集装箱的利用给世界经济带来巨大效益

分析：

1. 集装箱的利用给世界经济带来了巨大效益，这是一个事实，对否？

2. 集装箱的出现，给人们思考问题带来了什么启示？

3. 集装箱的出现，有什么高科技？

4. 箱子装东西，古人知道，小孩知道，在人们司空见惯的事例中，将一般箱子变成集装箱，给全世界经济带来巨大效益，需要人们具有什么意识？

5.“集装箱意识”是什么意识？如何类比一般？

6.“集装箱思想”是什么思想？如何类比一般？

7.“集装箱方法”是什么方法？如何类比一般？

8.“集装箱效益”是什么效益？如何类比一般？

9. 集装箱给人们带来的启示是为社会带来巨大效益的方法不一定需要高科技，对否？

10. 在社会的各项工作中，追求“集装箱方法”是建设节约型社会的重要方法之一，对否？在教学中如何追求“集装箱方法”？

11. 集装箱方法从表面上看是使箱子标准化、硬化、反复使用，对否？

12.“标准化”给人们工作带来的启示是什么？

13.“硬化”给人们工作带来的启示是什么？

14.“反复使用”给人们工作带来的启示是什么？

15. 在你的工作中，能找到“集装箱方法”吗？

16. 在工作中找到“集装箱方法”，是素质问题？是责任心问题？是智慧问题？是思考问题的方法问题？

17. 在教与学的过程中，最简单的集装箱方法是推动学生举一反三、由例及类的学习，使学生达到概括水平的学习，对否？为什么？

## 一一、感觉到的东西不一定能深刻理解，只有深刻理解的东西才很容易被人感觉

分析：

1. 深刻理解一事物的基础是什么？

2. 只知什么，不知为什么，原因何在？

3. 如何才能知其然，更知其所以然？

4. 感觉到的东西不一定能深刻理解的原因是什么？

5. 只有深刻理解的东西才很容易被人感觉的道理是什么？

6. 理论才解决机理问题、本质问题，对否？

7. 霜打过的白菜吃起来才甜，感觉到了，为什么多数人解释不清？

8. 一过性眼发黑是对脑血栓的警告，为什么有人出现一过性眼发黑而不重视，最后出现了脑血栓？这一例子说明了什么？

9. 只有深刻理解的东西才很容易感觉到它，这是对于教师的要求？这是理论的功能？

10. 理论是望远镜？帮助人们高瞻远瞩，远见卓识？

11. 理论是显微镜？帮助人们见微知著，一叶知秋？

12. 理论是广角镜？帮助人们开阔视野，博采众长？

13. 要提高教师的素质，提高什么最有效？

14. 目前，教师平均理论水平如何？如何评估？造成的原因是什么？

15. 如何理解，领导干部的理论水平是国家的财富？

16. 如何用教与学的理论提高教师的教学水平？

17. 提高教师学与教的理论水平，可以提高相当一部分教师的水平，你相信吗？

18. 理论高于实践，高在何处？

# 一二、确定关键时期，针对关键时期找到关键问题，针对关键问题拿出关键决策是对领导干部的基本要求

分析：

1. 如何确定你的工作处在一个什么样的关键时期？

2. 如何确定你的工作在关键时期有什么关键问题？

3. 针对关键的问题能找到恰如其分的决策吗？

4. 将上面的三个问题确定为“三关”，即“关键时期，关键问题，关键决策”，这“三关”是对干部的基本要求，对吗？

5. 如何确定在“三关”的基础上，找到恰当的出台政策？决策的时机？这时机是对干部素质的考验吗？

6. “三关”体现对干部素质的要求吗？干部有这种意识吗？

7. “三关”体现对干部责任心的考验吗？

8. “三关”体现对干部能力的考验吗？

9. “三关”体现工作效率吗？

10. “三关”体现对干部工作的评价吗？

11. “三关”体现干部工作水平吗？

12. 如何提高干部“三关”的水平？

13. 提倡“三关”，对提高工作效率，提高干部素质有一定的帮助吗？

14. 提倡“三关”，有助于见微知著吗？

15. 提倡“三关”，有助于防微杜渐吗？

16. 提倡“三关”，有助于防蝼蚁之穴，溃千里之堤吗？

17. 提倡“三关”，有助于学校社会管理创新吗？

18. 提倡“三关”，有助于向时间要效益吗？

19. 提倡“三关”，有助于培养干部的能力吗？

20. “三关”为什么应当成为干部的基本素质？这样提的效益在何处？

21. 在关键时期看不到关键问题，必将误事，可以这样思考吗？

22. 在关键时期看不到关键问题，如同看不见着火一样，损失将会多大？

23. 如何推动干部做到“三关”？

24. 如何评价“三关”？

25. 提出“三关”，其基本思想是什么？“三关”是对一个人责任心的综合评价吗？

26. 教师如何利用“三关”，提高教育质量？“三关”在教与学的过程中，有什么表现？

27. 如何分析教育中“三关”？利用“三关”提高教育质量？

## 一三、针对问题找到切合时宜、切实有致、切实可行的政策、决策办法，是对领导干部的基本要求

分析：

1. 一个政策、决策、办法的提出，要求切合适宜，对否？其含义是什么？

2. 一个政策、决策、办法的提出，要求切实有效，对否？其含义是什么？

3. 一个政策、决策、办法的提出，要求切实可行，对否？其含义是什么？

4. 将切合时宜、切实有效、切实可行用“三切”来表示，它是对政策、决策、办法的具体要求吗？

5. 在实际工作中，提倡“三切”的实际意义是什么？

6. “三切”是对干部素质的要求吗？

7. “三切”是干部应当具备的素质吗？

8. “三切”是培养干部的一个目标吗？

9. “三切”是对干部工作的要求吗？

10. “三切”的实质是什么？

11. 如何培养干部能做到“三切”？

12. 如何培养干部的“三切”能力？

13. 将“三关”“三切”合起来评价干部可以吗？

14. 实际工作中，干部有“三关三切”意识吗？“三关三切”的能力如何？如何评估干部“三关三切”的平均水平？

15.“三关三切”的本质是什么？其倡导的根本含义是什么？可以用其评价干部的工作吗？

16. 教师在教与学的过程中，如何利用“三切”，提高教学质量？

17. 教师在教与学的过程中，如何确定“三切”？其在教与学的过程中，是如何随学情的变化而变化？

18. 研究“三关三切”对提高教育质量会带来哪些益处？关键是力量能用在“刀刃”上？将力量用在“节骨眼”上？

## 一四、优势与条件伴生

分析：

1. 何为优势？

2. 任何优势都是一定条件下的优势，当条件不具备了，优势也就不存在了，对否？

3. 如何学习他人的优势？

4. 学习他人的优势要分析优势产生的条件？

5. 学习他人的优势不可盲目照搬，对否？为什么？是否容易犯“水土不服”的毛病？

6. 学习他人的优势，有四步曲值得研究，这就是学习、消化、吸收—引进—实践—创新，这四步曲有一定学习的意义吗？

7. 上一问中所提到的引进，是全部引进还是对己有利经验的引进？对己能办到的经验引进？

8.“优势与条件伴生”，此话对人们学习他人的先进经验、他人的优势，有什么启示？

9.“优势与条件伴生，条件产生优势”，给人们学习他人的优势和经验带来什么启示？

10. 优势永远是一定条件下的优势，优势随条件的变化而变化，对否？为什么？

11. 优势永远是相对的，对否？相对的含义是什么？

12.“优势与条件伴生”可以作为思考学习他人先进经验的一种思维方法吗？

## 一五、将创新落实到行动之中

分析：

1. 创新，是一个民族进步的灵魂。创新推动社会进步，推动各项事业的发展，创新如何推动学校发展？

2. 创新，包括理论创新、科技创新、文化创新、教育创新以及其他各方面的创新。其中理论创新是前提，是关键，为什么？

3. 理论是实践的方向，定措施、定方法、定人们活动的优化方式，为什么？

4. 理论常常决定“头脑怎么想、眼怎么看、手怎么干、腿怎么走、钱怎么花”，教育理论把握教育改革的方向？如何学习理论？

5. 理论常常指出人们的工作方法，它是怎么指出的？是因为理论具有一般性的品格？

6. 理论常常给人以启发、引导、引申、扩展、概括知识等的作用，概括的知识，给人们思路，给人以方法，给人以创新的启示？

7. 创新偏爱有责任心的人，善于观察事物的人、善于思考的人、善于领悟的人、善于分析的人，学校如何培养这样人才？发现这样的人才？使用这样的人才？

8. 创新是一个极其复杂的过程，但创新总是以一定的知识、能力为基础。良好的知识结构常常是培养创新的沃土？在教与学的过程中，在学校管理的过程中，如何塑造干部、教师、学生良好的知识结构？这样做既有现实的意义又有长远的意义？

9. 如何将创新落实在实处，要求人们有创新意识、有创新的责任心，有支持创新的机制，有培养创新的氛围，为什么？

10. 将创新落实在实处，要求学校要培养为创新服务的体系，为什么？

11. 创新要求人们的综合素质，如何培养师生的这种综合素质？

12. 社会在发展，新鲜事物层出不穷，要求学校办学要顺应形势，因此学校的各项工作在相对稳定的情况下又要创新，学校如何培养创新的机制？创新的氛围？培养出有创新精神的人才？

## 一六、需求创新

分析：

1. 社会在发展，人类的生活必有需求，需求推动人们的生产活动要满足需求，满足需求就要求创新？

2. 需求是目标，创新是方法，目的是结果，如何将三者有机地联系起来？

3. “秀才不出门，尽知天下事”，有了几千年的需求，这一需求刺激人的欲望几千年，科技发达的今天解决了，需求对推动创新的力量有多大？

4. 需求如何引发创新？如何推动创新？

5. 保护人们需求的积极性，在保护创新的积极性吗？需求与创新之间建立了什么联系？

6. 人饿了要吃东西，人渴了要喝水，学校里教师如饥似渴的需求，是学校创新的推动力？

7. 需求创新的本质是提出了明确的目标和任务，提出了明确工作的着力点，这一着力点就是思考创新的题目？创新的着力点？

8. 需求引发创新，需求推动创新，需求创新最实际，最实用，实际上很多创新都来自于需求的推动力？

9. 为任何一项事业服务都是一个体系，满足为需求创新服务的体系，是思考创新的一个方法？

10. 学校的发展，要研究需求带给人们创新的方法，这是思考创新的一个源泉？

11. 需求越实际，推动创新的项目越有益，注意学校的需求，是在选择学校创新的项目？

## 一七、矛盾创新

分析：

1. 矛盾普遍存在于社会以及各个事物之中？这是普遍的真理？

2. 矛盾中有主要矛盾的和次要矛盾？

3. 主要矛盾决定事物发展的方向？

4. 主要矛盾中还有矛盾的主要方面？

5. 人们在解决矛盾的时候，是协调事物中各个因素之间关系的过程？协调中渗透着改变、改革、优化、和谐的因素？协调中渗透着创新？解决矛盾的过程就是创新的过程？

6. 矛盾创新的本质是实事求是地发现问题，解决问题。解决事物中不协调的关系，从而使事物中各个因素处于和谐状态，推动事物的发展？这是创新的功能？

7. 解决矛盾考验人的智慧，考验人们的责任心？解决矛盾在开发人们的智慧？在培养人们的责任心？解决矛盾是培养人才的教材？

8. 矛盾是改革创新的老师？

9. 矛盾启迪人们的思维？

10. 矛盾是改革创新的推动力？

11. 矛盾明确事物中的问题，指明改革创新的着力点？

12. 人们的工作不要回避矛盾，因为矛盾是老师，从中学智慧，长见识，培养毅力，培养解决问题的能力，是培养人成长的沃土？

13. 经历和见识是人们不可多得的财富，对待矛盾的态度是如何让你增加财富的机会？

14. 明确矛盾、解决矛盾是培养创新能力的最好课堂？

## 一八、空白创新

分析：

1. 什么是空白创新？你要在科学研究的地图上去探索那些从来没有涉猎的空白点，解决空白点需要解决的问题，这是对空白创新的解释？

2. 职业教育想创新吗？要在职业教育发展的地图上，去探索从来没有涉猎的空白点，在空白点去寻找最适合自己创新发展的内容？

3. 学校要创新，在本校职业发展的地图上，去探索需要发展提高的空白点，在空白点上找到当前最亟需改革的空白点带给人们的问题？

4. 不同的学校有不同的专业，不同的学校有不同的发展水平，不同的学校有不同的空白点，不同的空白点就是需要创新解决的问题，寻找空白点、筛选空白点提供了创新的目标和方法？

5. 空白点常常依目的、任务而定？

6. 目的明确、任务清晰、条件具备、工作需要，常常是确定空白创新的前提？

7. 学校有学校的空白点，专业有专业的空白点，课程有课程的空白点，设备有设备的空白点，只能依学校的条件，确定亟需解决的空白点？找到解决效益最大的空白点？

8. 在学校发展的地图上，空白点常常是发展中的“方向盘”？是提高教育水平的创新点？

9. 学校紧紧抓住为提高教育质量去找空白点，并做好空白点的工作，是提高教育质量的关键，为什么？空白点是主要矛盾的主要方面？

10. 空白创新和类比创新，“三关三切”创新联合起来思考问题，常常会产生新的思想、新的措施，给创新带来新的启示？

11. 空白创新的实质是在科学理论的指导下，在目标任务的规定下，画出本校发展的地图，在地图上圈出空白点，有计划地填补、建设、优化空白点的工作，是这样吗？

12. 影响学校发展的最关键的问题，是空白点的关键点。找到影响发展的最关键的空白点，找到解决空白点的最关键的问题，是提高学校发展水平的最关键的问题？

## 一九、类比创新

分析：

1. 什么是类比？类比是根据两个或两类对事物之间在某些方面相同或相似，从而推出它们在其他方面也可能相同或相似的一种逻辑方法。在创新中应用的如何？

2. 类比是一种特殊的比较，只比较两个或两类事物的相同点或相似点，你如何理解？

3. 类比的结论是或然（可能的）的，你如何处理结论更科学？

4. 类比是“举一反三”“触类旁通”的代名词，可以这样理解吗？

5. 类比的内容极其广泛，可以是知识、思维方法、技能、窍门、技巧，等等，只要它们之间存在相似点或相同点，皆可进行？

6. 类比的应用极其广泛，问题的关键是能否找到相同点或相似点？

7. 类比可以比成绩，类比也可以比问题，比出正面的内容可仿效，比出反面的问题可以借鉴，在创新的过程中，类比常常给人启发？

8. A 校和 B 校的教学条件差不多，为什么 A 校的教育水平远远超过 B 校？

9. A 老师使用的教学方法是因为 A 教师满足教学方法具备的条件，B 教师和 A 教师比较，其不具备使用 A 教师使用的教学方法应当具备的条件，B 教师尽力不要使用 A 教师使用的教学方法，这是通过类比得出的结论？

10. 类比不仅仅要看到现象，更要看到本质，本质的比较更有价值？如何在类比中找到本质？

11. 两项技能相比，既有相同点又有相似点，对教学有什么启示？

## 二〇、竞争创新

分析：

1. 何为竞争？竞争是社会的普遍现象？

2. 竞争有公开的，有隐蔽的，竞争会以不同的形式出现？

3. 竞争有硬实力的竞争，有软实力的竞争，有的是全面的竞争？

4. 在竞争中各方都要拿出最好的“东西”出来竞争？这是展示，这也是表现优势？

5. 竞争是学习他人优势最好的机会？如何利用好这个机会？

6. 竞争时最不保密，最不保守，给他人学习提供了极为方便的条件？

7. 竞争的最大优势是能明确自身的不足、明确差距，激励创新的动力？

8. 如何理解竞争是无情的，竞争又是有益的，其益在何方？提供了极为方便的学习机会？

9. 职业学校学生的就业质量的竞争实际是同类学校办学水平的竞争，这样的竞争是无声的，确有“此时无声胜有声”的效应，学校恰恰在这样的竞争中找到了自身不足，这不足就为创新出了题目？而且是最恰当的题目？

10. 竞争创新的本质是在竞争中找到不足，明确不足，这不足就是创新的目标？就是努力的方向？就是提高教育水平的关键问题？

11. 在竞争中创新，在创新中前进，要紧紧抓住因竞争带来的创新思想？

# 二一、成语创新

分析：

1. 什么是成语创新？成语创新是利用成语的深刻含义，对创新思维的启发？

2. 成语是智慧的宝库，成语利用智慧启发智慧问题的关键是你能否深刻的理解成语的含义又将这含义推广到一类事物之中？

3. 举一反三、闻一知十、触类旁通、一通百通、一叶知秋等这些成语有类似的意思，它要求人们有怎样的智慧，才能深刻领会成语的意思？应用成语带给人们教学的智慧，从而影响教师提高教与学的水平？

4. 以举一反三为例，举一要求人们选一选的正确，选得准，吃透一的属性，找到同类的属性，从而将这一属性类比到同类事物，这就是类比的方法？

5. 举一要求人们对一有深入、细致、全面乃至本质的了解，能看到一与三的诸因素乃至本质属性的联系，将一的属性“介绍”到三，从而达到对三有透彻的理解，这是概括迁移的过程，使人们达到对一类事物的理解？迅速扩大到对三的认识？

6. 举一反三要求教师举一得当，反三得体，从而推动学习产生迁移？

7. 举一反三要求教师完成“由例及类”的教学？并能将其推广到教与学之中？

8. 举一反三的关键是教师能准确地紧紧地抓住一，充分利用一的功能，使对一的理解能转移到对三的理解？简化学习内容？

9. 举一反三能启发、扩展、引申人们的思维，从而使人获得新的知识、新的思想，产生新的领悟，完成对新知识、新事物的认识？

10. 一是学生头脑中的“锚桩”，三是落实在锚桩上面的新事物，从而形成人们的关联学习，促进学生良好知识结构的形成？

11. 举一反三在学习中经常用到，学习一个“桌角”使学生理解其他三个“桌角”。这类方法又可以迁移工作中的其他领域，从而提高人们创新的能力？如何充分发挥成语的智慧？

12. 举一反三创新的实质是一找的准，三找的准，用学习一的知识能有效地转移到三之上，完成学习、应用三的目的。举一反三是类比中的实例？它们是异曲同工，异曲同效？

## 二二、最近发展区创新

分析：

1. 什么是最近发展区？是最近要发展到的水平？

2. 学生跳高跳过1米，要跳过1.1米，1米到1.1米之间的距离为学生跳高的最近发展区？

3. 任何事物都有最近发展区。最近发展区可正可负，有必要研究正负发展区吗？

4. 研究事物的正负最近发展区，对人们的工作有什么启示？有什么警示？

5. 有必要研究某事物的国内最近发展区、国际最近发展区吗？两个发展区可比较吗？

6. 某事物的国内最近发展区与国外最近发展区进行比较，这差距是正是负？正负差距说明了什么？正负差距给人们的工作带来什么启示？这差距是创新点吗？

7. 人们可以根据差异的正负，找到这一差距内容、水平，找到解决这一差距的方法，称这种方法为最近发展区创新方法，可以吗？

8. 不同的专业有不同的最近发展区？

9. 不同的课程有不同的最近发展区？

10. 不同的实训有不同的最近发展区？

11. 不同的职业学校有不同的最近发展区？

12. 最近发展区有的是显性的，有的是隐性的，这在提示人们研究最近发展区的方法？

13. 学校的任何一项工作都可以用最近发展区的观点进行研究，这样研究的益处是什么？提示人们做未雨绸缪的事？

14. 职业教育的最近发展区是什么？能准确判断吗？准确判断对人们工作又提出了什么要求？

15. 最近发展区的创新方法，要求人们能深入研究事物发展的规律，能较为准确的预测事物发展的趋势，能根据规律、事物发展的趋势做未雨绸缪的事，做好这些工作在助力做好最近发展区的工作？最近发展区提示创新的方向？

16. 互联网+，在互联网后加什么呢？互联网+的最近发展区是什么？互联网的功能在不断扩大，能准确预测其最近发展区吗？

17. 任何学校都不是“算命先生”。但“凡事预则立”，学校的发展，预什么最有效？它使用的方法是什么方法？最近发展区带给人们什么启示？

18. 最近发展区创新的本质是要求人们有能力较为准确预某项工作最近发展、发生的事，从而找到相应的对策，促进事业的发展？

19. 最近发展区创新可以作为思考问题的一条原则吗？

20.“三关三切”与最近发展区联合使用，能提高人们创新的能力吗？

## 二三、科技创新

分析：

1. 科技创新推动了各项事业的发展，在教与学的过程中，如何利用科技，创新教与学的方法，提高教与学的质量？

2. 科技推动创新，如何利用科技，提高人才培养质量？

3. 科技是推动社会发展的第一生产力？

4. 科技是推动教育改革的第一推动力？

5. 科技改变教与学的形式，提高教育质量和效果？

6. 科技改变学生实训的方式，减少实训的时间和经济开支？

7. 科技改变科研发展的历程？大大缩短了研发的时间，提高了研发的精准度？

8. 科学技术引领教育的改革？它是怎么引领的？

9. 数字教育是科技+教育（计算机技术+教育）？

10. 科技是人类发明的，科技又为人类服务，是科技改变人们的生产、生活、科学研究、教育的方式？它是怎样改变的？在改变同时又怎样推动改变科技？

11. 科学研究需要人的什么素质？是人们综合素质的体现？

12. 应用科学研究成果同样需要人的素质？

13. 为什么学校有若干电化教学设备而无人使用？这是巨大的浪费？为什么会出现这种情况？

14. 科学跨界、技术跨界、材料跨界，关键是要求思维跨界？如何形成跨界思维？

15. 科学跨界、技术跨界、材料跨界，人们的能力也需要跨界？跨界的人才从哪儿来？

16. 针对“跨界”的挑战，职业教育如何创新？培养人才才能去迎接“跨界”的挑战？这挑战的力量越来越强吗？有这种趋势吗？

17. 科技提高了教与学的效益，科技创新要求创新的教育培养出创新的人才？

18. 科学技术的创新形成了产生动力的动力，职业教育如何培养这产生动力的动力？

19. 职业教育培养、抓住、利用产生动力的动力，是职业教育的重大责任，你有这样的想法吗？

20. 培养产生动力的动力，是一个体系在为它服务，学校如何培养产生动力的体系？

21. 科技本身是创新的产物，科技又支持创新，为创新助力。如何创新科技？如何使创新的科技又孵化出创新的科技？

22. 利用科技创新科技，利用动力产生动力，利用方法产生方法……，这些讲话的实质是利用已掌握的知识去生产出更多的新知识，这是创新吗？

## 二四、顺向思维和逆向思维创新

分析：

1. 什么是顺向思维？

2. 什么是逆向思维？

3. 当人们知道A时，马上可以想到A′，其中A与A′相似，这是顺向思维？

4. 当人们知道A时，马上可以想到a，其中a是A类中的一个？

5. 当人们知道A时，马上可以想到?，其中A与?相反，这是逆向思维吗？

6. 当人们知道A时，马上可以想到B，其中A与B是同一水平上的两个不同事物？

7. 当人们知道B时，马上可以想到B′、b、反B可以无限类比下去？

8. 顺向思维和逆向思维创新的本质是按思维的“公式”可以顺藤摸瓜？

9. 顺向思维和逆向思维的“公式”，教会人们扩大思考问题的范围，这是一种创新吗？

10. 类比可以类比思考问题的方法？

11. 类比可以类比解决问题的方法？

12. 类比可以类比实训中操作的方法？

13. 每当人们思考问题的方法受到局限时，类比常常为人们打开思维的大门？你体会到了吗？

14. 顺向思维+逆向思维+类比，是提高思维水平的一种方法吗？

## 二五、改变因素与关系创新

分析：

1. 在一个体系中，因素表示什么？是其中的一个变量？

2. 在一个体系中，关系表示什么？是诸因素之间的相互关系？是单因素与整体的关系？

3. 在一个整体中，改变一个因素及其与整体的关系，这是一种创新？

4. 在一个整体中，改变二个或多个因素及其与整体的关系，这是一种创新？

5. 为创新建立一个通式：改变一个因素或若干因素的组合，改变一个关系或若干个关系的组合，可以吗？可以作为一个创新的“公式”吗？

6. 在一个体系中，选择改变哪个因素，对体系的影响最大？这一个因素是主要矛盾的主要方面？

7. 在一个体系中，选择改变哪几个因素，对体系的影响最大？改变因素在改变关系，改变关系在改变作用力？

8. 在体系中，找到影响矛盾主要方面的主要矛盾，对体系的变化影响最大？

9. 事物是复杂的也是多变的，要求人们用多种思考问题的方法来思考问题，找到创新的方法，才能给人们增添更多的智慧。这些方法可以概括为5中所讲到的通式？

10. 改变因素与关系创新，其是因素分析方法的“升级版”，这样理解会更容易？

## 二六、各级各类学校要把党的建设作为办学治校的基本功

分析：

1. 基本功指什么？如何理解基本功？

2. 基本功指天天练？

3. 基本功指工作过得硬？

4. 基本功指工作的效果好？

5. 办学治校的基本功表现在何处？

6. 把党的建设作为办学治校的基本功的含义是什么？

7. 如何检查各级各类学校把党的建设作为办学治校的基本功？评价的标准是什么？

8. 把党的建设作为办学治校的基本功，对学校党政干部的素质有什么要求？

9. 把党的建设作为办学治校的基本功，在校风中如何体现？在校园文化建设中如何体现？

10. 把党的建设作为办学治校的基本功与把落实党的教育方针作为办学治校的基本功之间有什么联系？

11. 用党的建设及其功能的发挥落实在领导学校全面贯彻落实党的教育方针，是其本质的联系吗？

## 二七、各级各类学校要把党的教育方针全面贯彻到学校工作的各方面

分析：

1. 教育方针的功能是什么？

2. 教育方针指明贯彻落实的途径与方法？

3. 教育方针指明教育的目的是什么？

4. 教育方针指明培养人才的规格？

5. 贯彻落实教育方针对学校的领导干部提出了什么要求？

6. 把党的教育方针全面贯彻落实到学校工作的各方面的表现形式是什么？

7. 把党的教育方针全面贯彻、落实到学校工作的各方面对教师的素质

提出了什么要求?

8. 如何评价学校是否把党的教育方针全面贯彻落实到学校工作的各方面?有评价体系吗?

9. 我国有过用教育方针评价学校工作的各方面吗?

10. 如何评价我国各级各类学校贯彻落实教育方针的水平和效果?

11. 用教育方针评价学校的教育水平,是任何教育评价应当贯彻其中的内容,对否?为什么?

12. 贯彻落实教育方针说得多,做得不实,是现实状况吗?对提高教育水平会带来什么损失?如何强化学校贯彻落实教育方针?

## 二八、教育方针是一切教育工作的指导方针

分析:

1. 教育方针是发展的,变化的?

2. 教育方针是国家一定时期内的方针?

3. 教育方针是每一所学校必须贯彻执行的方针、政策?

4. 教育方针对任何一所学校都有硬性约束力?

5. 教育方针明确提出了培养学生的规格?

6. 教育方针是对一切教育工作者的指导方针?

7. 教育方针是对每所学校的宏观评价标准?

8. 贯彻党的教育方针与实施素质教育是一致的?

9. 贯彻教育方针是上位概念,实施素质教育是下位概念,对否?

10. 中央文件清楚表明:"实施素质教育,就是全面贯彻党的教育方针",为什么仍有若干教师不清楚这一关系?是宣传不到位吗?

11. 如何评价各级教育行政部门贯彻教育方针的情况?

12. 如何评价各级各类学校贯彻教育方针的情况?

13. 如何发挥教育方针的作用,提高教育水平?

14. 根据教育实况评价,学校贯彻教育方针有弱化的趋势吗?它是怎

么造成的?

15. 教育方针是国家或执政党在一定历史阶段提出的教育工作发展的总方向、总目标、总要求，是教育基本政策的总概括，对否?

16. 分析教育方针，在指导如何贯彻教育方针?

17. 分析教育方针，在指导如何评价教育方针的落实情况?

18. 我国有用教育方针评价学校办学情况的体系吗?

19. 我国用教育方针评价学校的办学情况，有这样的事例吗?有这样的规定吗?

20. 在我国教育界，宣传教育方针的力度如何?有弱化的趋势吗?

21. 把教育方针用大字在学校高高挂起的学校，比例有多大?

22. 为什么一些教育管理人员连教育方针都背不下来，有更甚者根本不知道，这种局面可怕吗?提高教育质量从何谈起?

## 二九、实施素质教育就是全面贯彻党的教育方针

分析:

1. 何为素质教育?有公认的定义吗?

2. 何为教育方针?我国现行的教育方针是怎么表述的?

3. 坚持以人为本，全面实施素质教育是教育改革发展的战略主题，是贯彻国家教育方针的基本要求，对否?为什么?

4. 教育的核心是解决好培养什么样的人，怎样培养人的重大问题，对否?为什么?

5. 实施素质教育是下位概念，贯彻教育方针是上位概念，对否?为什么?实施素质教育不能代替教育方针?

6. 教育方针是国家或执政党在一定历史阶段提出的教育工作的总方向、总目标、总要求，是教育基本政策的总概括，对否?如何体会?

7. 教育方针是每一所学校必须贯彻执行的方针、政策，对否?为什么?

8. 教育方针对任何一所学校都有硬性的约束力，对否？其硬在何处？为什么？

9. 教育方针提出了培养学生的规格，它是对学校教育的要求，对否？为什么？

10. 教育方针是一切教育工作者的指导方针，指导什么？

11. 教育方针是对每一所学校的宏观评价标准，有道理吗？

12. 目前，在学校对教育方针的宣传是否有弱化的趋势？为什么？

13. 如何评价学校贯彻教育方针的水平？用什么标准进行评价？评价过吗？

14. 教育方针和素质教育之间是什么关系？教育工作者对此问题的明确程度如何？明确其关系对办学有何益处？

15. 是否有必要在教育界大张旗鼓地宣传教育方针？使其成为人人皆知？人人皆想？人人皆懂？人人皆照办？

16. 教育方针是教育中的灵魂，对否？为什么？

17. 无论教育怎么改革，都要不折不扣地贯彻教育方针，它是一切教育改革之灵魂，对否？为什么？

18. 教育方针是一成不变的吗？

19. 教育方针是相对稳定的又是与时俱进的，对否？为什么？

20. 现在有多少教育工作者能背出教育方针？有多少人在自觉地按照教育方针来育人教书？由此能看出什么问题？

## 三〇、教育中所有的改革都是为了更好地贯彻党的教育方针，使学生德智体美劳得到更好发展

分析：

1. 国家的教育方针是什么？

2. 国家教育方针的功能是什么？

3. 教育的实质是什么？

4. 教育中所有改革的实质是什么？

5. 教育中所有改革都是为了提高教育的质量和效率，对否？为什么？

6. 教育中所有的改革都是为了使学生的德智体美劳得到更好的发展，应当是指导所有改革的主导思想，对否？为什么？

7. 如何设计教育改革？

8. 如何实施教育改革？

9. 如何宣传教育改革？

10. 如何评价教育改革？

11. 如何评价教育单项改革？

12. 如何总结教育单项改革的经验？

13. 如何总结教育改革的经验？

14. 如何设计单因素改革实验？

15. 如何改革单因素改革实验？

16. 以上观点对改革带来了什么启示？对改革提出了什么要求？

17. 落实党的教育方针应当贯穿到所有教育改革之中，对否？为什么？

18. 为教育方针服务是一个体系，改革是为了优化体系？使体系更加完整，效率更高？

19. 贯彻落实教育方针，是办教育永恒的主题，要积极积累贯彻教育方针的经验并大张旗鼓地宣传贯彻教育方针的经验？

20. 要大力宣传贯彻教育方针的经验，这是办好教育的法宝，你同意吗？

21. 贯彻教育方针，是办好教育的最重要的保证，它是怎么保证的？

## 三一、落实教育方针——德育

分析：

1. 德指什么？育指什么？育是教育之意？培养之意？德育是对品德的教育与培养？

2. 德是社会公德，职业道德，家庭美德，个人品德？

3. 德是任何人做事的基础？

4. 在学校的各种活动中，如何实施德育教育？

5. 在学校的各种活动中，对学生实施德育教育，是学校永恒的主题？作为永恒的主题，表现在何处？

6. 学校如何落实社会公德的教育？

7. 学校如何落实职业道德的教育？

8. 学校如何落实家庭美德的教育？

9. 学校如何落实个人品德的教育？

10. 对学校的德育工作有评价体系吗？

11. 培养学生社会主义核心价值观，应当是德育的重要内容，落实得如何？效果如何？

12. 培养学生热爱中国共产党、热爱祖国、热爱人民，应当是德育的重要内容，落实得如何？效果如何？

13. 培养学生诚实守信是德育工作的重要内容，落实得如何？

14. 培养学生勤俭节约、艰苦奋斗是德育工作的重要内容，落实得如何？

15. 培养学生助人为乐、礼貌待人应当是德育的重要工作，落实得如何？

16. 德育工作是五育之首，如何发挥其之首的作用？

17. 在职业学校，如何落实德育工作？目前状况如何？应当如何加强德育工作？

18. 在学校办学的过程中，有德育工作风声大、雨点小的趋势吗？

19. 做好德育工作的中心环节是什么？

20. 校风是德育工作的具体反映，校风又培养学生的品德，做德育工作，如何理解？校风是学校办学的软实力，是学校的隐蔽课程？如何利用校风，对学生的品德进行潜移默化的影响？

## 三二、落实教育方针——智育

分析：

1. 智是什么？智育指什么？

2. 智育是指发展学生的智力吗？

3. 智育是指对人的思维能力的发展而实施的各种教育吗？

4. 智育是指对人的记忆能力的发展而实施的各种教育吗？

5. 智育是指对人的观察能力的发展而实施的各种教育吗？

6. 智育是指对人的注意能力的发展而实施的各种教育吗？

7. 智育是指对人的想象能力的发展而实施的各种教育吗？

8. 智育是指对学生思维能力、记忆能力、观察能力、注意能力、想象能力的发展及相应的品质而实施的各种教育吗？

9. 对思维能力的培养是对构成思维品质如：思维的广阔性、思维的批判性、思维的深刻性、思维的敏捷性、思维的灵活性、思维的逻辑性等方面实施的各种教育吗？

10. 对记忆能力的培养是对构成记忆品质如：记忆的敏捷性、记忆的持久性、记忆的正确性、记忆的准确性等方面实施的各种教育吗？

11. 对观察能力的培养是对构成观察品质如：观察的目的性、观察的持久性、观察的精确性、观察的概括性等方面而实施的各种教育吗？

12. 智育的发展要对学生的学习方法、科学方法等进行相应的各种教育活动吗？

13. 如果将智育窄化为仅仅是为学生的考试分数服务，带来的损失是什么？

## 三三、落实教育方针——体育

分析：

1. 体为何意？育为何意？体育为何意？

2. 体育是指对学生的身体健康，心理健康而实施的各种教育活动？

3. 体育是指对学生的运动习惯、运动能力、技术水平等而实施的各种教育活动吗？

4. 体育是指对学生的体育运动卫生、体育运动心理而实施的各种教育活动？

5. 体育是指对学生的若干体育常识（体育知识）而实施的各种教育活动吗？

6. 体育应当注意运动的科学性？

7. 体育应当增强学生的组织性、纪律性、团队精神等？

8. 体育应当培养学生的勇敢、顽强、进取精神？

9. 如何提高体育课的教学质量？

10. 如何提高学生体育理论的水平？

11. 如何提高学生体育运动技术水平？

12. 体育具有多功能的作用，如何使其能充分地发挥？

13. 目前，学校的体育课的开设情况如何？体育课的开设受到哪些冲击？体育课开设的水平如何？

14. 体育可以解决学生一些身体疾病、心理疾病，如何将其渗透于体育之中？体育课的功能充分发挥出来了吗？

15. 体育可以培养学生若干良好的品德，是其他教育活动很难完成的任务，有一定的道理吗？如何利用？

16. 有评价学校体育水平的评价体系吗？有必要加强对体育课的评价？

## 三四、落实教育方针——美育

分析：

1. 何为美育？美育是对美的价值观念的培养？

2. 美育要培养学生心灵美、行为美、赞赏美？

3. 美育要培养学生有美的理想、美的情操、美的素养、美的品格？

4. 美育要培养学生认识美、爱好美、感受美、欣赏美、体验美、创造美？

5. 美育仅仅是美术课的事吗？如何在育字上下功夫？

6. 如何在教育中渗透美的思想？美的观点？美的观察方法？

7. 学校的美育工作做得如何？有提高教师美育理论水平的必要性吗？

8. 美育教育在为培养人的全人格助力吗？

9. 有必要召开美育工作的研讨会吗？全面提高所有教师美育的水平？教师美育工作的水平常常表现为落实美育的水平？

10. 学校贯彻美育的水平在哪些方面应当提高？

11. 学校的美育工作尚有若干之处不尽人意，原因何在？

12. 学校提高美育的水平的关键在何处？

13. 如何评价学校美育的水平？有评价体系吗？若没有评价体系，如何指导学校加强美育工作？

## 三五、教会学生保护体力

分析：

1. 身体是任何一个人最大的财富？

2. 身体是任何一个人活动的基础？

3. 身体好是个人的幸福也是国家的幸福？

4. 教会学生保护自己的身体，是体育的重要内容？

5. 学生有了身体，才有体力，有体力才有精力学习，如何教会学生保存体力？增强体力？

6. 教会学生要有体力意识，有必要吗？

7. 教会学生有效保存体力方法，有必要吗？

8. 教会学生有增强体力的知识，有增强体力的办法，是体育的重要内容？

9. 教会学生有节约体力的知识，有必要吗？

10. 好身体才有体力，有体力才有学习的精力，体育有健身促进学生全面发展的作用？体育有提高学习效果的作用？为什么一些学校放弃体育课，而把学生关进教室作题，他们的初衷是为了什么？

11. 体育健身，健脑，休息脑，使脑能发挥出更大的能量，使脑子更好使，这是健身的功能，这是健身的效果，有道理吗？

12. 教育的规律、人才成长的规律、体育的规律不可违背，教学中有多少做法在违背这些规律？

13. 违背教育的规律有人纠正吗？由谁来纠正？

14. 在落实教育方针中，如何丰富体育的内容，如何发挥体育的效益，应当研究的课题？

15. 落实教育方针要将其落实到学校全面工作中的各方面，如何体现？如何在体育中体现？

16. 身体好与学生的考分有关系吗？锻炼身体的时间耽误了学习的时间？有道理吗？

17. 身体好—体力好—脑力强这一逻辑可以成立吗？

18. 锻炼好身体，在减轻学生过重的课业负担，这样的逻辑成立吗？

19. 培养学生要有保护体力的意识，增强体力的本领，有必要吗？

## 三六、落实教育方针——劳育

分析：

1. 劳育指什么？劳育有哪些功能？

2. 劳育要培养学生树立劳动观点？

3. 劳育要培养学生的劳动态度？

4. 劳育要培养学生热爱劳动和劳动人民，培养劳动人民的感情？

5. 劳育要培养学生具有一定的劳动技能？

6. 劳育要使学生了解、理解劳动的意义？

7. 劳育要培养学生养成劳动习惯？

8. 劳育要使学生了解社会的生产劳动？积极参加社会生产劳动特别是公益劳动？

9. 劳育中要贯彻劳动创造世界、劳动创造生活、劳动创造价值、劳动创造幸福的思想如何落实？

10. 劳育中要贯彻劳动培养勤俭、毅力、智慧的思想，这是劳育应有的功能？

11. 劳育中要贯彻劳动不分贵贱的思想，在当今的社会思潮中，有必要吗？

12. 如何发挥劳育多功能的作用？

13. 目前，学校劳育课的质量如何？

14. 劳动光荣的观点应当贯彻劳育的始终？

15. 劳育中的劳指的是劳动技能，劳育中的育指的是育学生的思想、品德，对否？通过劳育，达到育人的目的？

16. 如何评价学校劳育的水平和效果？

17. 我国有评价学校劳育水平的指标吗？

18. 在教育中，劳育不到位，没有完成应有的任务，教育中的损失是什么？对国民素质的提高的损失是什么？

19. 劳育如何体现在学校贯彻教育方针之中？

## 三七、保护好脑子是教与学中的必修课

分析：

1. 脑是人体的最高司令部。人脑是人类一切智慧活动的物质基础，脑是人类的认识器官？如何保护好脑子？

2. 学习必须用脑，脑子好用，学习才有效果，才能提高学习效率？如何使脑好用？脑子好用的标志是什么？

3. 如何保护好脑子，无论在学校还是在家中，这类知识很少有人讲，是什么原因？

4. 脑子在工作时，最需要的是氧气和葡萄糖，对否？如何供充足的氧气和葡萄糖？特别是新鲜空气的供应？

5. 保护好脑子的措施是什么？

6. 脑子是肌体中最娇嫩的组织之一，对缺氧、缺血、血糖过低、血压过低等干扰代谢的因素十分敏感。血糖不足将影响脑的正常功能，血糖浓度对脑的正常功能有很大影响，这一信息告知人们如何保护好脑子？

7. 青少年每人每天每公斤体重需要 1 克到 1. 2 克的蛋白质，如何有效保护好脑子？蛋白质如何补充？

8. 学生应当了解健脑的各种做法，它是提高学习效率的方法吗？到哪里去学？学校传授了有关的知识吗？

9. 学生了解健脑的方法还应当了解科学用脑的方法，在教与学的过程中注意了此问题吗？什么是科学用脑？

10. 传播脑科学，科学用脑，是提高教与学效率的有效方法，学校中对此事的注重程度如何？

11. 提高教与学的效率应当从各个方面来研究，特别是科学用脑，实际教学中研究的如何？

12. 在教与学的过程中，如何“节约脑力，科学用脑”？这是应当研究

的问题吗？

13. 文理相间学习法，是节约脑力的一种方法吗？

14. 在学校，有普及科学用脑知识的必要吗？

15. 如何使脑子多做事半功倍的事，有研究的必要吗？多做事就是提高用脑效率？脑长时间使用而不疲乏？

16. 普及科学用脑的知识应当永远是教与学中的必修课，谁来上好此课？怎么上好此课？

17. 脑科学涉及教学原则、教学方法、学习方法的制定，它是提高学习效率的基础，学校宣传脑科学为什么有弱化的趋势？

18. 科学用脑是科学用体力，提高用脑的效率，这是减轻学生过重课业负担的一种方法，可以这样思考吗？

19. 让学生没完没了地做题，不讲用脑卫生，降低多少学习效率？

## 三八、教育方针与素质教育的关系

分析：

1. 教育方针如何表述？

2. 教育方针的功能是什么？

3. 素质教育是如何表述？

4. 1999 年 6 月 13 日《中共中央国务院关于深化教育改革全面推进素质教育的决定》中指出，“实施素质教育，就是全面贯彻党的教育方针”，“以提高国民素质为根本宗旨，以培养学生的创造精神和实践能力为重点，造就有理想、有道德、有文化、有纪律的德智体美全面发展的社会主义事业建设者和接班人”，由“决定”看出素质教育和教育方针是什么关系？

5. 贯彻教育方针与实施素质教育是一致的？实施素质教育就是全面贯彻党的教育方针？

6. 贯彻教育方针是上位概念，实施素质教育是下位概念？

7. 下位概念要服从上位概念？下位概念是为上位概念服务的？

8. 中共中央、国务院的文件明确了教育方针和素质教育之间的关系？

9. 教育中的概念必须清晰，否则讲话、办事不知所措？容易造成误会？关键是扭曲办学思想？

10. 教育方针和发展素质教育是什么关系？仍然是上位概念和下位概念的关系？为什么？

11. 人们的思想是发展变化的，在变化的思想中容易出现一些新的概念，概念是思维判断的依据，概念必须清晰，才能使大家的力量往一处使？方向才能一致？这是强调教育方针和素质教育概念的目的？

12. 在办学的过程中，必须清楚教育中出现的若干概念，如教育方针与素质教育、教学与教育、校风与教风等之间的关系，为什么？

## 三九、教育的本质是什么

分析：

1. 什么是教育的本质？

2. 不同的专家学者对教育的本质有不同的解释，对否？这是正常的现象？

3. 教育的本质规定教育的方向？

4. 教育的本质决定教育的出发点和归宿？

5. 如何理解教育的本质是福民强国？

6. 如何理解福民？

7. 如何理解强国？

8. 教育是如何给学生送去幸福的？

9. 教育是如何为强国助力的？

10. 教育是国家伟大的工程、基础工程，其意义何在？

11. “经济解决今天的问题，科技解决明天的问题，教育解决后天的问题”，如何理解教育解决后天的问题？事业发展的基础永远是人才？

12. 我国实施教育优先发展战略，其意义何在？

13. 教育是国家重要的实实在在的实力，如何理解？其实在何处？

14. 教育的实力表现在各级各类教育的水平，如何理解？

15. 教育的实力是国家的基础竞争力，如何理解？

16. 如何理解“教育的实力是吸金的实力”？世界强国在利用教育“吸金”？

17. 如何理解“教育的实力是吸才的实力”？

18. 如何理解“教育的实力是宣传文化的实力”？

19. 所有办教育的人都应当为教育的本质服务，这是办教育的使命？

## 四〇、教育中有三个最基本的规律，即：用才规律、育才规律、可持续发展规律

分析：

1. 规律是什么？

2. 规律是客观存在的还是创生的？

3. 为什么要遵循规律？

4. 规律是对人们工作的指导，对否？

5. 规律是对人们工作的要求，对否？

6. 规律是对人们工作的警示，对否？

7. 规律是对人们工作的评价，对否？

8. 规律指出了人们工作的途径和方法，对否？

9. 人们总是根据认识规律的水平来遵循规律，对否？

10. 用人规律指的是什么意思？社会上所用人才水平随科技的发展而不断提高？

11. 育人规律指的是什么意思？指人才成长的规律？

12. 可持续发展规律指的是什么意思？

13. 随着社会的发展，用人规律有变化吗？

14. 随着科技的发展，育人规律有变化吗？

15. 随着人们对规律认识水平不断提高，对可持续发展认识的水平也在不断提高，可持续的本质是什么？要求学校的发展可持续、学生的发展可持续？学生具备什么素质才具有可持续发展的能力？

16. 在教育的过程中，用什么标准评价教育是否遵循育人规律？目前的一些教育，在违背什么教育规律？是什么原因造成的？

17. 是什么原因在推动教育不能按规律进行？它给教育带来的损失是什么？这是看不见的社会发展速度和损失？

18. 遵循教育规律应当成为思考教育问题的“第一要务”，对否？为什么？

19. 如何理解规律和法律是为任何事业发展铺设的轨道？

## 四一、教育观念是教育中的软实力

分析：

1. 什么是观念？

2. 什么是教育观念？

3. 什么是软实力？

4. 教育中的软实力有什么？如何看待这些软实力？

5. 教育观念是教育中的软实力吗？

6. 教育观念决定对教育的看法，决定对教育中若干问题的态度，为什么？

7. 教育观念决定人们怎么看教育中的事物，怎么想教育中的事物，怎么做教育中的事物，为什么？

8. 教育观念决定工作的方向、目标，对否？为什么？

9. 教育观念决定工作中的着力点，对否？为什么？

10. 教育观念决定办教育眼怎么看、手怎么干、钱怎么花、腿怎么走的问题，对否？为什么？

11. 在教育中应当清除什么观念在阻碍教育质量的提高？

12. 在教育中应当倡导什么观念？建立观念在建设教育中的软实力？

13. 教育观念是一成不变的吗？变什么最有效？怎么变最有效？什么观念变了最有效？有研究的必要吗？

14. 社会存在决定教育观念。社会存在什么在决定人们的教育观念怎么转变？

15. 教育观念是教育中的软实力，其决定硬实力作用的发挥，其决定硬实力作用的效益，为什么？

16. 如何转变人们的教育观念？如何树立正确的观念？如何与时俱进地转变人们的教育观念？哪些教育观念在影响教育质量的提高？

17. 在教育中如何做转变教育观念的事？社会如何做转变教育观念的事？转变什么观念有利于提高教育质量，提高落实教育方针的水平？

18. 学校哪些方面的工作可以反映教育观念？由学校的教育观念可以评价学校的办学思想？

## 四二、教育创新要求为教育服务的体系创新

分析：

1. 什么是教育创新？

2. 什么是教育体系？

3. 什么是教育体系创新？

4. 教育体系的基本构成是：教育理论、教育制度、教育技术、教育方法和课程教学，以及为实施教育的所有教师，可以吗？

5. 教育创新要求教育理论创新，因为理论指导实践，理论具有一般性的品格，为什么？

6. 教育创新要求教育制度创新，因为制度是工作的基本保障，为什么？

7. 教育创新要求教育技术创新，因为技术可以提高效率，为什么？

8. 教育创新要求课程教学创新，因为课程教学是创新具体内容的载体

与落实，为什么？

9. 教育创新要求为教育服务体系创新是否有一定的道理？如何解释这一定的道理？

10. 影响教育创新中的各个因素常常不能同步创新，它会给创新带来什么问题？如何克服？

11. 教育创新中的各个因素常常不能同步创新，是经常会发生的，如何促使其效果最大化？

12. 教育创新要求为教育服务的体系创新，是教育创新中的基本规律吗？

13. 教育创新要求教育体系创新，为教育创新提出了什么要求？

14. 教育创新要求教育体系创新，如何评价教育创新的效果？

15. 教育创新要求教育体系创新，它为教育科研提供了什么启示？它为教育政策、教育管理提供了什么启示？

16. 教育创新中的最大效益是教育体系创新，因为为任何一项事业服务都是一个体系？

17. 党中央号召建设“高质量教育体系”，对教育改革提出了什么要求？

18. 高质量教育体系高在何处？明确否？

## 四三、提高教育质量要找到影响教育质量的变量

分析：

1. 教育质量指什么？

2. 教学质量指什么？

3. 教育质量和教学质量是什么关系？

4. 教学质量仅仅是教育质量的部分内容，对否？为什么？

5. 影响教育质量的因素是什么？

6. 对学生施加的任何一个有目的的影响全是教育，对否？

7. 在教育的过程中，对学生施加的有目的的影响有哪些因素？

8. 如何将对学生施加的有目的的影响进行分类？校内校外？课上课下？有形无形？有人无人？有书无书？显现隐蔽？理论实践？

9. 课堂教学是对学生施加的有目的的影响，对否？这是最主要的影响但不是唯一的影响？

10. 校园文化是对学生施加的有目的的影响，对否？为什么？

11. 学校的规章制度是对学生施加的有目的的影响，对否？为什么？

12. 教师的言谈举止应当是对学生施加的有目的的影响，对否？为什么？

13. 教师的衣着打扮应当是对学生施加的有目的的影响，对否？为什么？

14. 教师对任何一事物的态度应当是对学生施加的有目的的影响，对否？为什么？

15. 改变一个因素或若干个因素的组合，是研究提高教育质量的方法、对否？

16. 改变影响目标的一个因素或若干个因素的组合以及相互之间的关系，是思考所有的改革与提高的方法，对否？为什么？

17. 思考问题的方法比具体的知识更重要，对否？为什么？

18. 到什么地方去找思考问题的方法？

19. 如何总结与应用思考问题的方法？它是一个人的能力，也是一个人的财富，为什么？

20. 掌握思考问题的方法是一个人的终身财富，对否？是因为它可以终身受益吗？

21. “教育处处无小事”是因小事可以影响学生的思想观念，并打下深深的烙印，这样的事少见吗？学校要如何利用小事的教育功能？

22. 找到影响教育质量的变量就找到了改革的目标、方法？

## 四四、教育创新是为了提高教育质量

分析：

1. 什么是创新？有确切的定义吗？

2. 创新是一个新奇的实践，对否？

3. 创新是改造或改变一个固定的模式？

4. 创新是改造或改变一个固定的方式、方法？

5. 什么是教育创新？有确切的定义吗？

6. 教育创新的本质是什么？是为了提高教育质量吗？

7. 什么是教育中的点创新？是某一工作点的创新吗？

8. 什么是教育中的线创新？是某一工作线的创新吗？

9. 什么是教育中的面创新？是某一工作面的创新吗？

10. 教育的"点创新、线创新、面创新"是对创新的一种启发吗？是对创新的一种总结吗？是对创新的一种评价吗？是介绍创新的一种方法吗？

11. 教育创新是为了达到教育过程的最优化，对否？

12. 教育创新是为了教师和学生使用的时间和精力最少，而获得的效果最好，为什么？这是创新的落脚点？

13. 教育过程若可以简约成知识→过程→方法→目标，创新是在知识、过程、方法和目标上创新，对否？为什么？教育若可以简化成目标→内容→过程→效果→评价→调节，如何设计创新？

14. 如何考虑教育的"需求"创新？

15. 如何考虑教育的"矛盾"创新？

16. 如何考虑教育的"空白"创新？

17. 如何考虑教育的"竞争"创新？

18. 如何考虑教育的"类比"创新？

19. 如何考虑教育的"最近发展区"创新？

20. 改变影响教育的一个因素或若干个因素的组合，改变影响教育的一个关系或若干个关系的组合，是思考教育改革的一个通式吗？

## 四五、转变教育发展方式是提高教育质量的重要保障

分析：

1. 什么是经济的增长？什么是经济增长的方式？

2. 什么是经济的发展？什么是经济发展的方式？

3. 经济的增长是数量的增加，经济的发展要的是综合的效益，对否？为什么？

4. 有必要研究教育增长的方式吗？

5. 有必要研究教育发展的方式吗？

6. 教育增长方式的主要特征是什么？

7. 教育发展方式的主要特征是什么？

8. 可以用经济增长的方式来研究教育增长的方式吗？

9. 可以用经济发展的方式来研究教育发展的方式吗？

10. 我国为什么要转变经济发展的方式？经济增长方式带来的社会问题是什么？

11. 发展的本质是什么？增长的本质是什么？二者的本质区别是什么？

12. 教育界存在盲目发展教育的问题吗？

13. 如何评价一所学校是在增长还是在发展？可以这样评价吗？

14. 学校一味追求增长带来的问题是什么？

15. 评价学校发展的综合评价体系是什么？

16. 学校的发展是在扩大办学效益吗？办学效益指什么？关键是社会效益，为国家培养了更多的优秀人才，对否？为什么？如何评价？

17. 有必要研究教育经济学吗？它为提高办学效益有什么贡献？

18. 教育发展的实质是能培养出更多的符合教育方针要求的优秀人才，对否？

19. 学校的数量大幅增长，而培养人才的质量在不断下降，这是教育中的巨大浪费，可以这样思考吗？

## 四六、提高教育质量是《国家中长期教育改革和发展规划纲要》的题眼

分析：

1. 什么是教育？有公认一致的定义吗？

2. 教育的定义主要倾向是什么？

3. 在没有特指的情况下，教育含教学吗？

4. 如何理解“教育教学”？这是一个特有的概念，还是用错的概念？

5. 有必要分清教育、教学、教育教学这三个提法吗？

6. 如何理解“经济解决今天的问题，科技解决明天的问题，教育解决后天的问题”？教育解决后天的实质是什么？

7. 如何提高教育质量？有固定的模式吗？是教育质量而不是教学质量？

8. 影响教育质量是一个系统，如何理解这一系统？如何优化这一系统？如何利用这一系统？如何评价这一系统？

9.《国家中长期教育改革和发展规划纲要》的本质是提高教育质量，2020 年进入人力资源强国行列，如何评价？

10. 优先发展教育，优先的本质是什么？优先的表现形式是什么？

11. 在教育中，如何全面贯彻教育方针？有评价贯彻教育方针的体系吗？

12. 研究影响教育质量的诸因素，在提供一种研究提高教育质量的方法，对否？为什么？仅提高教学质量而不提高教育质量，教育中的损失是什么？

13. 目前，影响提高教育质量的主要因素是什么？“外因”是什么？“内因”是什么？是观念问题还是落实问题？

14. 如何评价教学？有科学的与时俱进的评价各级各类教学的评价体系吗？教学仅仅窄化为学生学习的成绩，带来的问题是什么？

15. 如何评价教育？有科学的与时俱进的评价各级各类教育的评价体系吗？这评价体系是国家对教育的领导力量？

16. 评价教学体系和评价教育体系有什么相同点和不同点？有什么区别和联系？

17. 研究确定评价体系是理论问题还是实践问题？是理论和实践相结合水平的结晶？我国评价教育的评价水平如何？

18. 我国有教育评价体系吗？有对不同类型的学校教育评价的体系吗？它是国家的软实力吗？这评价体系表明我国研究教育的水平？

19. 如何研究教育评价体系？它是提高教育水平的一种方法吗？

20. 公布教育评价体系是推动全国提高教育质量的有效方法，对否？为什么？

21. 目标是提高教育质量，评价却是教学质量的评价，是否存在矛盾？是认识问题还是什么问题？容易带来的负面影响是什么？

22. 如何利用教育评价体系提高我国教育水平？评价体系给人们思考提高教育水平带来了什么启示？

23. 我国有系统的评价各级各类学校教育的体系吗？它们完整吗？水平如何？

## 四七、把促进人的全面发展、适应社会需要作为衡量教育质量的根本标准

分析：

1. 把促进人的全面发展、适应社会需要作为衡量教育质量的根本标准，这是科学的教育质量观，对否？

2. 这是以提高质量为核心的教育发展观？

3. 何为判据？判据的作用是什么？人的全面发展，适应社会需要是判

据吗？

4. 判据是对工作的评价？判据是对工作的终极评价？判据是对工作的指导？

5. 判据指示工作的方向和结果？

6. 教育质量观、教育发展观、评价教育质量和教育发展的有关指标结合起来，其怎样改变人们的教育思想？对教育质量的提高会起到什么作用？

7. 人的全面发展的指标指什么？是指德智体美劳吗？是指人的全人格的发展吗？是指“人好，活好”吗？人的全面发展的指标是与时俱进的吗？

8. 人才的培养如何做到适应社会需要？社会需要主要指什么？人才质量与社会需求“合拍”？

9. 适应社会需要是主动适应还是被动适应？主动适应指什么？被动适应指什么？

10. 适应的标准是什么？适应的标准指导教育改革吗？

11. 人是有发明创造能力的，发明创造也是适应社会需要，对否？如何评价适应？

12. 学校有推动社会前进的功能吗？激励学校推动社会前进，可以吗？这也是适应社会需要？

13. 根本标准排除其他标准吗？还可以制定比根本标准更高的标准吗？有必要制定吗？

14. 把促进人的全面发展，适应社会需要在指导办学的方向和要求教育的质量吗？是评价学校教育质量的宏观评价标准？

15. 学校培养出来的学生“所学非所用，所学不能用，所用非所学”，是多么大的浪费？这浪费可以计算吗？

## 四八、提高教育质量的关键在于正确理论指导下的实践

分析：

1. 教育改革的实质是体制创新，教育体制创新的实质在于提高教育质量和效益，对否？为什么？

2. 教育理论提高教育质量吗？它作用的形式是什么？

3. 教育实践提高教育质量吗？它作用的形式是什么？

4. 教育理论指导下的教育实践，是提高教育质量的关键，对否？为什么？

5. 教学评价是教育理论指导下的教育实践，可以这样思考吗？

6. 教学中所提倡的教学目的是教育理论指导下的教学实践，对否？为什么？

7. 教育理论指导教师，教师的教育实践具体落实于学生，这样思考可以吗？这样思考对提高教育质量有益吗？它要求教师能理论联系实际？理论联系实用？我国实际教师的教育理论水平如何？

8. 如何提高教师的教学理论水平？如何提高教师理论联系实践、实用的水平？有评价的机制吗？

9. 培训教师的关键在什么？

10. 选择或编写培训教师的教材的关键在什么？

11. 我国培训教师的主要经验是什么？培训中出现的主要问题是什么？

12. 提高教育质量的关键在于理论指导下的实践，对理论提出了什么要求？对实践提出了什么要求？关键是培养教师什么素质，能更好地将理论应用于实践，提高教育质量，为什么？

13. 学习理论是第一性的，教学理论是第二性的，如何提高教师学习理论的水平？这是我国提高教学质量应当重视的大问题？

14. 要从学的角度来研究教，是提高教师教学水平的有效方法，实践证明了吗？我国这方面研究的水平如何？

15. 要跳出具体教的圈子研究教育，对提高教育质量有益吗？这是系统研究的方法？

## 四九、最优化是对所有教育工作的要求

分析：

1. 什么是最优化？

2. 最优化教学是预先固定好的模式吗？

3. 最优化教学是原则吗？

4. 最优化教学是方法吗？

5. 最优化是对工作的要求吗？

6. 最优化的工作方法是在当时的条件下，使用的人力、物力、财力、精力、时间最少，而获得的效果最好，对否？如何做到最优化？

7. 如何追求教与学中的最优化？

8. 教与学中的最优化是如何体现的？

9. 有固定的最优化的教学方法吗？

10. 如何评价最优化的教学方法？

11. 如何宣传和推广最优化的教学方法？它是一种思想？

12. 在一定条件下言语讲授教学法可以成为最优化的教学方法吗？

13. 最优化的教学方法对教师有什么要求？

14. 讲某一教学方法为最优化的方法，是在当时条件下来评判其是最优化，为什么？

15. 最优化教学方法带给人们的启示是什么？人们能获得什么道理？

16. 最优化的工作方法可以作为对任何工作要求的一个原则吗？

17. 教育工作者对最优化工作方法的理解可以有效促进其发挥主观能动性吗？

18. 从某种程度说最优化思想就是激发创新能力充分发挥的思想，对否？为什么？

19. 最优化的教学方法，就是在当时的条件下，教师和学生使用的时间和精力最少，而获得的效果最好，这是减轻学生过重课业负担的一种方法？

20. 最优化不是制定好的模式，而是实际活动的产物，如何理解？

## 五〇、提高教学质量是提高教育质量的重要内容，但不是全部内容

分析：

1. 什么是教学？

2. 什么是教育？教学和教育是同一概念吗？

3. 影响教学质量的主要因素是什么？

4. 影响教育质量的主要因素是什么？

5. 教学质量和教育质量之间的关系是什么？是包含的关系？是平行的关系？

6. 学校对学生所施加的任何一个有目的的影响都是教育，对否？为什么？

7. 学校对学生的教育不一定有教师存在，不一定需要课本，对否？为什么？

8. 何种情境可以称为教学？

9. 何种情境可以称为教育？

10. 教学仅仅是教育的一部分，是教育的主要部分，但不是全部，对否？为什么？

11. 如何评价教学质量？

12. 如何评价教育质量？

13. 教学的着力点是什么？

14. 教育的着力点是什么？

15. 在实际工作中，有必要区别教学和教育吗？将两个概念区分清楚

对人们的工作会带来什么启示？

16. 平时讲提高教育质量是什么含义？

17. 平时讲提高教学质量是什么含义？

18. 如何解释提高“教育教学”质量？这是一个混淆不清的概念？

19. 概念决定人们的判断，判断决定人们工作的着力点，一个概念在人们工作中的作用是什么？

20. 明确概念对明确工作带来的启示是什么？

21. 教育目标是提高教育质量，而在实际工作中仅评价学校的教学质量，这样很容易被人们误认为提高教育质量就是提高教学质量，对否？它传给人们错误的信息是什么？在教育中会造成什么混乱？

22. 教育质量绝对不等于教学质量，教育质量到底指什么？教学质量到底指什么？教育质量着重人的质量，教学质量常常看学生的分数，对否？

23. 严格区分教学和教育两个概念的意义是什么？两个概念混淆带来的害处是什么？现在还有多少学校在用教学质量代替教育质量？扭曲了教书育人的根本？

## 五一、提高教学质量要找到影响教学质量的变量

分析：

1. 教学质量指什么？

2. 影响教学质量的因素是什么？

3. 针对学生而言，影响教学质量的因素是什么？内因是什么？外因是什么？

4. 针对教师而言，影响教学质量的因素是什么？内因是什么？外因是什么？

5. 社会风气影响教学质量吗？

6. 校风影响教学质量吗？

7. 班风影响教学质量吗？

8. 任课教师的人格特征影响教学质量吗？

9. 任课教师的情商影响教学质量吗？

10. 任课教师的威信影响教学质量吗？

11. 任课教师的知识水平影响教学质量吗？什么情况下不影响教学质量？

12. 任课教师在教学中形成的民主氛围影响教学质量吗？

13. 任课教师的智力水平影响教学质量吗？

14. 任课教师的教学艺术影响教学质量吗？它是怎么影响的？

15. 任课教师对教学规律把握水平影响教学质量吗？

16. 任课教师的教学水平是如何影响教学质量的？

17. 针对学生的内因而言，是什么因素在影响其学习质量（学习水平）？仅仅是智力吗？其兴趣、动机、意志等在影响其学习质量？

18. 教科书影响教学质量？它是如何影响教学质量的？

19. 改变影响教学质量的一个因素或若干个因素的组合，是思考提高教学质量的方法吗？

20. 为教学质量服务的是整个教学体系，为什么这样思考？

21. 高质量的教学体系高在何处？

22. 建设高质量教学体系是一个系统工程，非一日之功，对否？为什么？社会在不断变化，体系也在不断变化，可以这样思考吗？

## 五二、提高我国教育国际化水平的关键是能培养出高水平的国际化人才

分析：

1. 什么是教育国际化？有确切的定义吗？

2. 什么是教育国际化水平？有确切的定义吗？

3. 世界上哪些教育可以代表教育国际化水平？

4. 教育国际化水平主要特征（实质）是什么?

5. 教育国际化水平是一成不变的还是与时俱进的?

6. 提高我国教育国际化水平的根本目的是什么?

7. 提高我国教育国际化水平的主要措施是什么? 哪些已被实践证明是成功的?

8. 我国的教育与教育国际化水平的距离是什么? 它是如何形成的? 如何迎头赶上?

9. 必须找到我国教育与教育国际化水平的差距才能激励提高我国的教育水平，对否? 为什么?

10. 达到教育国际化水平是学形式还是学本质? 学习的着力点是什么? 如何才能提高我国的水平?

11. 瞄准国际化人才的水平是学习教育国际化水平的根本，对否? 为什么?

12. 培养国际化人才是有条件的，这些条件是什么? 如何创造性地满足这些条件?

13. 提高教育国际化水平一定要引进外国教育资源吗? 引进外国教育资源应当如何应用?

14. 在提高教育国际化水平的过程中，应当“洋被中化、洋被中用”，对否? 如何在化字上、用字上下功夫?

15. 什么是“洋被中化”? 怎么化? 化的方法是什么?

16. 什么是“洋被中用”? 怎么用? 用的方法是什么?

17. 提高我国教育国际化水平的关键是培养具有国际化水平（能力）的人才，且具有报效祖国的精神，对否? 为什么?

18. 培养国际化水平的人才是一个体系，如何健全这个体系?

19. 教育国际化是培养出来的人才具有国际水平，具有报效祖国的精神，对否? 为什么? 目前的效果如何? 有可以接受的教训吗?

## 五三、严格区分教育和教学两个概念具有重大意义

分析：

1. 什么是教育？对学生施加的任何一个有目的的影响全是教育？

2. 什么是教学？教学仅仅是教育的部分工作？是教学大纲中规定的教学内容？

3. 教育和教学是两个有区别又有联系的概念，教育包含教学？教学是教育中的一部分内容？

4. 教育要求的是培养人才的质量？

5. 教学常常仅仅看学生考试的分数？

6. 教育评价和教学评价是两类不同性质的评价，可以这样思考吗？其联系又在何处？两种评价混淆带来的问题是什么？

7. 若用教学评价代替教育评价，给教育带来的损失是什么？

8. 用教学评价代替教育评价，不能有效贯彻教育方针？

9. 用教学评价代替教育评价，不能推动学生全面发展？

10. 用教学评价代替教育评价，扭曲了学校办学的思想？

11. 用教学评价代替教育评价，教育中的着力点发生了偏移？

12. 用教学评价代替教育评价，损失了多少教育力量？这力量是从哪里来的？

13. 用教学评价代替教育评价，教育质量受到严重损失？

14. 用教学评价代替教育评价，不利于培养教师的教育能力？

15. 用教学评价代替教育评价，不利于提高学校管理的水平？

16. 用教学评价代替教育评价，不利于培养校长？

17. 用教学评价代替教育评价，不利于培养教研员、教育督导员、教育科研人员？

18. 用教学评价代替教育评价，不利于编写质量优质的教科书？

19. 用教学评价代替教育评价，损失的是整个教育功能？你同意这种

观点吗？

20. 学校处处无小事，教育处处无小事，弄不清楚教育中的基本概念要出大事？这大事就是不可挽回的培养人才质量的损失？

## 五四、要认真总结并大力宣传我国的教育经验

分析：

1. 自古至今、我国出了很多教育家和教育思想，并对我国的教育产生了深刻的影响，这是我国对世界教育的贡献，对否？

2. 现在教育实践，总结了很多适合国情的教育经验，这些经验是我国的财富，如何保护这些财富？如何应用好这些财富？

3. 教育经验，是教育实践的结晶，是教育的智慧，是教育的财富，教育的力量，为什么？

4. 推广我国的教育经验，是用我国的“教育生产力”哺育我国教师和学生的一种方法，更适合我国教育的国情，对否？

5. 在一些地方，我国的教育经验为什么不能得到有效的宣传？是经验问题？是宣传方法问题？是对待经验的态度问题？是自信心的问题？

6. 总结教育经验是与时俱进的，对否？

7. 如何促进教育经验概括化、精确化，如何“加工”教育经验上升到普遍的规律，是提高我国教育理论的一种方法吗？

8. 社会上谁来收集教育经验？

9. 社会上谁来宣传教育经验？

10. 社会上谁来“加工”教育经验？

11. 社会上谁来提升教育经验的水平？

12. 有人说我国的教育观念落后、教育理论落后，全世界都在用温故知新学习理论怎么看待这个问题？

13. 是崇洋媚外的思想在阻碍我国教育经验的传播？学习国外的教育经验是正确的，关键是如何“洋被中化，洋被中用”问题？

14. 一些人是不愿意接受别人的教育经验，在阻碍自身的提高与发展？

15. 是体制问题还是机制问题阻碍教育经验的传播？

16. 是曾经大张旗鼓地宣传过教育中一些错误的观点而导致一些人不相信传播的观点？是因噎废食还是“一次被蛇咬，十年怕井绳”？

17. 有时错误的观点提高人们的“免疫力”，这是错误观念的最大“功绩”，这样思考可以吗？关键是能准确判断错误的观点？

18. 我国产生的教育经验，更符合我国的实际，对否？

19. 教育思想是文化，文化是交流交融交锋的，“洋被中化、洋被中用”可以吗？关键是如何化、如何用的问题，对否？有必要提出这些问题吗？为什么再三强调“化”和“用”的问题？是否有化得不够，用得不足的问题？用什么方法化？用什么方法用？

20. 如何将我国教育经验精确化？

21. 如何将我国教育经验概括化？

22. 如何将我国教育经验理论化？

23. 如何用现代理论提升我国教育经验的水平？

24. 如何利用我国的教育经验、理论提升国家在世界上教育的影响力？这是在提高国家的软实力，对否？

25. 如何利用我国从古至今的教育思想，提升国家在世界上教育的影响力？这是教育应当做的事吗？

26. 利用我国的教育思想提升国家的影响力，我国教育界应当做些什么工作？

27. 自己不尊重自己国家教育财富、教育智慧，让别人尊重，能做得到吗？

## 五五、学校与学校之间的竞争是学校内为教育服务体系之间的竞争

分析：

1. 为任何一项事务服务都是一个系统，对否？为什么？

2. 任何一项事业的成功常常是为这一事业服务的系统的成功，对否？为什么？

3. 研究任何一项事业，应当有为之服务的系统意识，要研究系统、改革系统、优化系统、利用系统，为一项事务服务，对否？为什么？

4. 为学校教育服务的系统是什么？有基本的系统吗？有可比较的系统吗？“三材一化”可谓是基本系统？

5. 为学校教育服务可分为前勤系统和后勤系统，可以吗？如何分别优化两个系统？如何处理好两个系统之间的关系？两个系统之间的关系常常决定系统的效益？

6. 学校的硬实力是什么？软实力是什么？学校的硬实力和软实力是两个为学校教育服务的系统，可以这样研究吗？

7. 为学校教育服务的是两个系统，即外部系统和内部系统，外系统指挥内系统，这样分析可以吗？

8. 为学校教育服务的系统是变化的吗？如何看变中之不变、不变之中又有变？

9. 研究学校为教育服务的系统，对提高学校的管理水平有什么帮助？对提高学校教育的水平有什么帮助？

10. 研究学校为教育服务的系统，对研究如何建设学校有什么启示？

11. 研究学校为教育服务是一个系统，它给人们研究问题的方法带来什么启示？

12. 一项事业的成功，常常是为之服务的系统的成功，对否？为什么？

13. 同类事业和事业之间的竞争，常常是为两项事业服务的系统的竞争，这样思考科学吗？事业越复杂，这个问题越突出，对否？为什么？

14. 一项事业不成功，有时是一个系统中的一个环节或一个因素的失败，对否？它给人们的启示是什么？平时讲“一条臭鱼坏一锅汤”揭示什么道理？

15. 学校与学校之间的竞争主要是学校内为教育服务系统之间的竞争，这样思考带给人们思考问题的方法启示是什么？这一命题可以看成是“产生方法的方法”吗？若是产生方法的方法，它还能产生多少方法？

## 五六、学校的实力是学校与学校之间竞争的基础

分析：

1. 学校的实力指什么？
2. 学校的实力有硬实力和软实力，对否？
3. 学校的硬实力是什么？
4. 学校的软实力是什么？
5. 学校的硬实力和软实力之间的关系怎样？
6. 学校的硬实力是学校发展的基础？
7. 学校的软实力决定学校硬实力作用的发挥，对否？为什么？
8. 学校的设备、设施是学校的硬实力？
9. 学校的硬件办学条件是学校的硬实力？
10. 学校的教学实力是学校的硬实力？
11. 学校的科研实力是学校的硬实力？
12. 学校的管理实力是学校的硬实力？
13. 学校的育人实力是学校的硬实力？
14. 学校的创新实力是学校的硬实力？
15. 学校的领导力是学校的硬实力？
16. 校风是学校的硬实力还是软实力？
17. 校园文化建设中的行为文化建设、制度文化建设、精神文化建设是学校的软实力？
18. 学校中由设置而决定的工作机制是学校的软实力？
19. 教职员工的敬业精神是学校的软实力？
20. 学校校风在社会上的影响是学校的硬实力还是软实力？
21. 学校制定制度的能力、落实制度的能力是硬实力还是软实力？
22. 研究学校实力的意义在何处？

23. 研究学校实力的意义在于如何建设学校？

24. 研究学校的实力在提示办学的规律？

25. 学校的综合实力是学校与学校之间竞争的基础？

26. 硬实力和软实力有固定的分类方法吗？分硬实力和软实力研究纯属为了研究问题方便，问题看得更清楚？

27. 要注重学校软实力的加强，对否？软实力用钱买不来，如何加强？

## 五七、广义学校内涵建设是学校为提高教育质量服务的体系

分析：

1. 学校的内涵建设指什么？

2. 将学校内涵建设分为广义内涵和狭义内涵可以吗？这样分类有优点吗？

3. 教育与教学是有区别的，教育包含教学，强调教育与教学的区别的重大意义在什么地方？

4. 教育质量是学校的生命线还是教学质量是学校生命线？应当是教育质量？

5. 广义学校内涵是为提高教育质量服务的体系，对否？这样思考可以吗？

6. 研究学校内涵建设就是研究为提高教育质量服务的体系的建设，对否？为什么？

7. 在学校为提高教育质量服务的体系是什么？不同的学校有不同的体系？有不同的表现形式？

8. 在幼儿园、在中小学校、在中专、在大学等学校为提高教育质量服务的体系各是什么？如何设计？如何理解优化的体系就是教育质量？

9. 不同类型的学校的主要功能都是育人教书，但水平不同，提供的知识、过程、方法不同，对否？为什么？

10. 不同类型的学校，育人教书的水平不同，提供的知识、过程、方法不同，因此有不同的内涵建设，对否？为什么？

11. 研究内涵建设的实际意义是什么？

12. 研究内涵建设的理论水平如何？

13. 有必要研究内涵建设的核心内涵吗？

14. 学校的内涵建设是学校永恒的主题，如何能与时俱进的建设？

15. 学校内涵建设的核心永远是师资水平的建设，你同意吗？

16. 培训师资为什么能有效地提高教育的水平？有些培训的效果不好，原因在哪里？强调师资水平，在强调学校内涵建设的核心？

## 五八、狭义学校内涵建设是学校为提高教学质量服务的体系

分析：

1. 学校内涵建设分广义和狭义内涵建设可以吗？这样分类在强调什么？

2. 狭义内涵建设指的是什么？指为提高教学质量服务的体系？

3. 教育质量是学校的生命线，教学质量是教育质量中的重要内容，将教学质量作为狭义内涵可以吗？

4. 研究学校狭义内涵建设有实际意义吗？

5. 学校狭义内涵建设对学校的领导有什么要求？

6. 学校狭义内涵建设对教师素质有什么要求？

7. 研究学校狭义内涵建设的理论水平如何？

8. 学校狭义内涵建设应当遵循什么规律？研究的水平如何？

9. 人才、器材、教材影响内涵建设？它是直接为教学服务的？

10. 校园文化建设影响内涵建设？

11. 学校狭义内涵建设的体系是什么？

12. 为提高学校狭义内涵建设的水平，实际在提高为狭义内涵建设服

务体系的水平，可以这样思考吗？

13. 教育质量与教学质量有什么差别？有什么本质差别？教育界理解的水平如何？这对概念影响办学的方向？影响育人质量？

14. 从广义内涵建设和狭义内涵建设的角度看，区别教育质量和教学质量有必要吗？

15. 你对提高教育教学质量的提法有什么想法？这种说法科学吗？能理解惯用这一用语的含义吗？

16. 狭义内涵建设指提高教学质量的建设，广义内涵建设指提高教育质量的建设，对贯彻教育方针分别有什么影响？实质性影响是什么？

17. 为育人服务是一个体系，如何确定这个体系？确定这个体系体现办学方向吗？

## 五九、学校中最重要的四个文件是：(1)定位、目标、特色；(2)规章制度；(3)教育评价量表；(4)教学目的

分析：

1. 能表征学校较全面的信息是什么？

2. 有学者认为能表征学校较全面的信息是：学校的定位、目标、特色；规章制度；教育评价量表和教学目的，可以吗？这四个可以作为表征学校最主要的四个文件吗？

3. 研究学校最重要的文件有什么意义？

4. 研究学校最重要的文件在指导学校如何建设学校吗？

5. 研究学校最重要的文件在指导如何评价学校吗？

6. 定位、目标、特色是显示学校办学方向、客观特征的主要因素吗？体现办学指导思想吗？

7. 规章制度显示的是学校的办学思想在管理中的具体体现吗？如何评价规章制度？

8. 教育评价量表是学校教育理论和实践的结晶并指导教育吗？

9. 教学目的体现教学目标吗？

10. 教学目的体现教学指导思想吗？

11. 教学目的体现教育观念的转变吗？

12. 教学目的体现对教师的要求吗？

13. 教学目的体现对学生学习的要求吗？

14. 教学目的体现对教学管理人员的要求吗？

15. 教学目的是学校对教学要求综合信息的反映体，对否？

16. 教学目的是提高教学质量的指挥棒吗？

17. 学校的四个文件体现的是学校主要的硬实力和软实力，对否？为什么？

18. 在表征学校的较全面的信息中，教学目的是落实的最基本的内容，可以这样思考吗？

19. 检查学校最少的什么文件，可以看出学校的基本办学水平？这是实践经验还是理论研究的成果？可以看成是评价体系吗？

20. 学校的四个文件是相对稳定的又是与时俱进的，对否？为什么？

21. 学校的四个文件“思想”对管理学校提供了什么启示？这是研究学校的切入点？这是管理学校的切入点？这是评价学校的切入点？这是培训校长的切入点？

22. 学校的四个文件代表学校的教育思想？

## 六〇、学校的节日是文化传承的重要载体

分析：

1. 什么是节日？我国有多少重要节日？一所学校有多少节日？

2. 节日的意义是什么？过节的意义是什么？

3. 学校的节日是什么？过学校的节日的意义是什么？

4. 学校的节日是校园文化建设的重要内容，对否？为什么？如何利用节日提升校园文化建设水平？

5. 学校的节日应当坚持的八字原则是：“内容、坚持、与时俱进”可以吗？八字的含义是什么？

6. 学校的节日是校园文化的具体体现，对否？为什么？

7. 利用学校的节日，如何整合师生的价值观念？

8. 利用学校的节日，如何促进师生交流感情，交流思想，增进友谊，和谐校园？

9. 利用学校的节日如何增强学校的软实力？

10. 学校的节日是一种教育的力量吗？

11. 坚持学校的节日能成为学校的一个传统吗？传统是有形的又是无形的，如何用有形的事物来强化无形的观念？

12. 坚持学校的节日对社会将产生怎样的影响？

13. 坚持学校的节日对师生员工将产生怎样的影响？

14. 如何利用学校的节日为社会的精神文明建设作贡献？

15. 学校的节日是引领学生思潮的一种力量吗？

16. 学校的节日能为国家的文化建设和安全作贡献吗？

17. 过好学校的节日带给人们的思考是什么？

18. 学校如何利用节日的教育功能？

## 六一、学校教育处处无小事

分析：

1. 学校的功能是教书育人，在育人中教书，关键在于如何教书，如何育人？寓育于教之中？

2. 教育是一个极为复杂的过程，学生又是一个千变万化的人，复杂加千变万化决定了育人教书的复杂性，对否？为什么？

3. 任何一件小事都影响学生的学习，任何一件小事都影响学生思想的变化，可以这样思考吗？有这样的实践可以证明吗？

4. 对学生所实施的思想教育，正面所做的功与负面所做的功不等价抵消，有这样的事实可以证明吗？这一结论可以作为一条定理吗？

5. 教育中的乱收费收走了什么？

6. 教育乱收费所收走的效益可以计算吗？

7. 教育乱收费常常引起学生的逆反心理，这一逆反心理的作用是什么？使对其品德的引导、影响、教育产生逆反心理？使所有的品德教育失效？

8. 教育乱收费收走了是对学生进行所有的诚信教育、品德教育？

9. 教育乱收费收走了多年对学生教育的成果？

10. 教育乱收费收走了学生的基本素质？

11. 教育乱收费收走了对学生进行思想品德教育的所有投入？

12. 教育乱收费收走的是民心，收走的是民意，收走的是民主与法治？

13. “蝼蚁之穴溃千里之堤”在此处比喻教育中无小事恰当吗？

14. 如何杜绝损害教育实质的小事？

15. 杜绝的本质在于提高每一个人的事业心？如何才能办到？

16. 一件小事抵消多年教育成果，损失有多大？可以计算吗？

17. 如何看待教育中一件小事的价值？一件小事的价值有多大？一件小事可以带来多大效益？一件小事可以带来多大损失？

18. 一件小事作用于人思想的正面效益或负面效益皆不可计算，对否？它带给教育的启示是什么？

19. 学校处处无小事体现在何处？小事指什么？无小事又指什么？如何做好小事？如何利用好小事的教育功能？

## 六二、校园文化是培育学生的隐蔽课程

分析：

1. 什么是文化？有确切的定义吗？

2. 什么是校园文化？如何定义？

3. 学校中有两门课程培育学生，一门是显性课程，一门是隐蔽课程，

可以这样思考吗？显性课程、隐蔽课程各是什么？

4. 校园文化可以分几个层次来研究？

5. 将校园文化分为物质文化、行为文化、制度文化和精神文化，可否？这样分类科学吗？符合实际吗？这只是校园文化分类的一种，对否？

6. 校园文化有什么功能？为什么有人将其称为学校的隐蔽课程？

7. 目前，我国各级各类学校校园文化建设的水平如何？这是教育的能力吗？教育能力仅表现为教师的教学能力吗？

8. 目前，我国校园文化建设的理论水平如何？如何提高研究建设校园文化的理论水平？

9. 教育行政部门对校园文化建设的领导和指导的力度和水平如何？

10. 有必要在全国范围掀起研究校园文化建设的热潮？

11. 有必要在全国范围内掀起研究校园文化建设对培养学生价值观念的作用吗？

12. 校园文化建设与社会文化建设是什么关系？如何相互促进共同发展？

13. 校园文化建设与落实国家的教育方针是什么关系？

14. 如何评价一所学校校园文化建设的水平？有评价的标准吗？

15. 校园文化建设的水平，在宏观上表达了哪些信息？

16. 校园文化建设与弘扬社会主义主流文化是什么关系？

17. 校园文化与校风是什么关系？

18. 校园文化与校训是什么关系？

19. 校园文化与学校精神是什么关系？

20. 校园文化与办学特色是什么关系？

21. 校园文化如何培养学生的德智体美劳？

22. 校园文化如何影响学校的每一个人？

23. 我国有评价校园文化建设水平的标准吗？它对校园文化建设有什么作用？

24. 校园文化建设是学校教书育人的软实力，为什么？

25. 校园文化建设是学校的隐蔽课程，为何研究的力度不尽如人意？

26. 校园文化建设对学生的思想具有“腌”的作用，对否？

27. 校园文化对学生的主要作用体现在“腌”字上，可以吗？“腌”指学生的思想，可以吗？

28. 不同的学校有不同的校园文化，对否？无论如何其为贯彻教育方针服务为育人教书服务，对否？为什么？

29. 校园文化是教育能，对否？为什么？

30. 校园文化是隐蔽课程，其隐表现在何处？课程表现在何处？

## 六三、学校是提高教育质量的细胞

分析：

1. 教育的功能是什么？

2. 学校的功能是什么？学校的功能在为教育的功能服务？

3. 学校为教师服务，对否？为教师服务什么？

4. 学校为学生服务，对否？为学生服务什么？

5. 由学校组成的系统为教育服务，对否？

6. 优化学校为教育服务的系统，是提高教育质量的关键，对否？为什么？

7. 学校有权力有责任优化为教育服务的系统，对否？为什么？

8. 优化学校为教育服务的系统，首先学校要优化学校的工作体制、机制，对否？为什么？

9. 若“学校是提高教育质量的细胞”可以成立，它给人们带来管理学校的启示是什么？学校担负育人质量的重大责任？

10. 针对一般学校而言，优化学校领导集体，是提高教育质量的关键？

11. 学校有内部人事的决定权，这一决定权的效益有多大？

12. 将一所学校看成是一个教育单位，有一定的道理吗？它带给人们的启示是什么？它决定育人的质量？

13. 归根到底学校与学校的竞争是什么竞争？它给建校带来什么启示？

14. 学校与学校的差异是什么？它给建校带来什么启示？

15. 学校与学校之间的竞争是为教育服务体系的竞争，为什么？

16. 学校不但培养学生，还要培养教师，要培养教师的德智体美劳，培养教师的全人格，其道理在什么地方？

17. 教育的质量，常常是教师的质量？是学校为提高教育质量服务的体系？

## 六四、学校的基本功能是育人教书

分析：

1. 学校的基本功能是什么？不同专家不同学者有不同的解释？

2. 学校的基本功能有明确的定义吗？明确这一定义有什么作用？

3. 学校的基本功能是传授知识（创新知识），培养人才，服务社会，可以吗？

4. 学校的基本功能是贯彻国家的教育方针，可以吗？

5. 学校的基本功能是在育人中教书，这样简约表示可以吗？

6. 如何实现学校的功能？是一个体系在为之服务？

7. 国家如何为学校的功能服务？

8. 教育行政官员如何为学校的功能服务？

9. 学校教职员工如何为学校的功能服务？

10. 教研员、教育督导员如何为教育的功能服务？

11. 教育科研人员如何为教育的功能服务？

12. 校长如何带领教师为教育的功能服务？

13. 学校的功能规定了学校的内涵建设，对否？

14. 学校的功能规定了为学校服务人员的素质，为什么？

15. 学校的功能规定了学校在社会生活中的地位，为什么？

16. 学校的功能规定了学校的社会责任是为国家培养出合格的人才，

对否？

17. 学校的功能可以看成是学校的责任吗？可以看成是对学校的要求吗？

18. 学校的功能可以作为评价学校的宏观标准吗？

19. 学校育人应当“五育并举”（德育、智育、体育、美育、劳育），为什么？

20. 学校可以分别讲出如何落实德育、如何落实智育、如何落实体育、如何落实美育、如何落实劳育吗？如何将教育方针落在实处？

21. 学校育人不能简单地看成育学生？

## 六五、名校的基本特征是有稳定的世人公认的一流的育人教书的成绩

分析：

1. 什么是名校？

2. 名校有公认的定义吗？

3. 名校是因为有名校长？

4. 名校是因为有名师？

5. 名校是因为有名课程？

6. 名校是因为有一流的教育水平？

7. 名校是因为有一流的育人效果？

8. 名校是因为有一流的校园文化？

9. 名校是因为有一流的稳定的教育效果？

10. 名校是因为出过名人？历史上曾是名校？

11. 名校的基本特征是什么？

12. 名校是因为育人教书出名，对否？为什么？

13. 名校是因为有稳定的被世人公认的一流的育人教书的效果，对否？为什么？

14. 名校是包装出来的吗？有包装名校的吗？其危害是什么？

15. 名校是一成不变的吗？其是如何改变的？

16. 研究学校成为名校的条件，是在为建设学校提供一种方法吗？

17. 成功的名校给建设学校带来什么启示？

18. 不同的名校有不同的特色，对否？为什么？

19. 不同的名校的基本特征是一定的，对否？为什么？

20. 名校是教育价值观的具体体现吗？

21. 名校长和名校校长有本质的区别，为什么？为什么常常出现混淆？

## 六六、学校特色具有提高教育质量的特殊能力

分析：

1. 什么是学校的特色？有确切的定义吗？如果自定义研究？

2. 学校特色是如何形成的？有固定的方式方法吗？有规律可循吗？

3. 学校特色的功能是什么？它是为学校的功能服务吗？

4. 学校的特色可以是学校“一点”的特色，对否？为什么？一点指什么？

5. 学校的特色可以是学校“一线”的特色，对否？为什么？一线指什么？

6. 学校的特色可以是学校“一面”的特色，对否？为什么？一面指什么？

7. 学校的特色可以是学校“整体”的特色，对否？为什么？整体指什么？

8. 学校的特色是在一定条件下，以某种思想为指导，采用特殊的工作方式、方法，获得可持续的育人教书的好成绩，或者获得了可持续的为达到某一教育目的的好成绩？

9. 学校的特色可以突击形成吗？

10. 学校的特色是学校多年办学经验积累的结果？是对积累教育经验

的概括与浓缩？

11. 如何理解特色具有特殊的效果？特色具有特殊的教育功能？特色具有特殊的作用？特色具有特殊稳定的指导思想？

12. 学校的“一点”特色可以当作星星之火吗？如何使之“燎原”？方式方法是什么？

13. 如何总结一所学校的特色？

14. 如何评价一所学校的特色？有评价体系吗？

15. 如何与时俱进地丰富、发展学校的特色？

16. 学校的特色有什么特点？其本质特征是什么？

17. 学校的特色特在何处？特是特在有特效？

18. 指导学校特色建设的理论是什么？方向明确，持之以恒？

19. 如何总结我国各级各类学校的办学特色？它是我国教育的宝贵资源吗？

20. 有人、有组织、有机构在总结我国各级各类学校办学的特色吗？总结的功能是什么？是宣传办学经验的一种方法吗？

21. 有必要在全国范围内，交流各地各类学校办学的特色吗？它是办学经验的一种推广的形式吗？是提高办教育水平的一种方法吗？

## 六七、学校特色是学校的一种特殊的教育能

分析：

1. 什么是特色？有确切的定义吗？

2. 什么是学校特色？学校特色有确切的定义吗？

3. 学校特色的表现形式是什么？研究此问题的意义何在？

4. 学校特色是怎么形成的？它在提示如何形成学校特色？

5. 学校特色与校园文化有什么关系？

6. 学校特色与校园风气有什么关系？

7. 学校特色与学校管理有什么关系？

8. 学校特色与学校精神有什么关系？

9. 学校特色与学校校训有什么关系？

10. 学校特色与学校教职工的精神面貌有什么关系？

11. 学校特色与学校的历史有什么关系？

12. 学校特色与教师的教育质量有什么关系？

13. 学校特色与学校所处的环境有什么关系？

14. 学校特色与学校的定位有什么关系？与学校的学科建设有什么关系？

15. 学校特色与学校的目标有什么关系？

16. 学校特色与学校的办学理念有什么关系？

17. 学校特色是学校在办学过程中的某一个或若干个办学中的“特殊”且起到可持续特殊效果的办学方式、方法、环境等，对否？为什么？

18. 每个学校的办学特色是不一样的，对否？为什么？

19. 学校特色是变化的吗？是发展的吗？是与时俱进的吗？学校特色相对稳定又在潜移变化之中，对否？

20. 学校特色是学校多年办学经验的“沉淀物”，对否？为什么？它既相对稳定又与时俱进，对否？

21. 如何明确学校的特色？

22. 如何凝聚学校的特色？

23. 如何利用学校的特色？

24. 如何强化学校的特色？

25. 学校的特色是学校的一种特殊的教育能，对否？为什么？

26. 学校的特色是用特殊的风气、方式、方法、态度、环境、精神等编写的一本无形而有教育力量的教科书，对否？为什么？

27. 如何充分发挥学校办学特色的教育功能？它给办学带来什么启示？

## 六八、建设学校的最基本的内容是“三材一化”

分析：

1.“三材”指人才、器材、教材，“一化”指校园文化，可以吗？校园文化指物质文化、行为文化、制度文化和精神文化，可以吗？

2. 人才、器材、教材合起来完成课表上的课程，成为显性课程，可以吗？

3. 校园文化是学校不分年级的隐蔽课程，可以吗？

4. 显性课程是学校的硬实力，对否？

5. 隐蔽课程是学校的软实力，对否？

6. 社会上为什么有研究学校的显性课程的力度大于研究学校隐蔽课程的力度的倾向？

7. 显性课程如何培养人的智力和非智力？

8. 隐蔽课程如何培养人的智力和非智力？

9. 学校的硬实力主要由什么构成？

10. 学校的软实力主要由什么构成？

11. 学校的硬实力可以引进，对否？

12. 学校的软实力不能引进，对否？

13. 校园文化可以引进否？

14. 校园特色可以引进否？

15.“三材一化”之间是什么关系？

16.“三材一化”建校体现教育规律吗？

17.“三材一化”建校体现什么教育思想？

18.“三材一化”建校体现教育改革的思想吗？

19.“三材一化”建校可以上升到建校的理论吗？

20.“三材一化”建校的关键是人才，对否？

21. 优化“三材一化”，是提高教育质量的关键，可否？

22. 如何建设校园文化？有评价的标准吗？

23. 校园文化是学校的隐蔽课程，如何强化建设？校园文化对师生具有“腌萝卜式”的教育功能，如何理解？

## 六九、学校要关注考试中的平均分

分析：

1. 学校为什么要关注教学考试中的平均分？道理何在？

2. 教学考试中的平均分代表什么？

3. 教学考试中的平均分代表班级或学校学习的水平？

4. 由学习的水平可以反映出教学水平？

5. 要看到、要分析学生入学考试的平均分，它代表学生所学知识的平均状况？根据此状况去选择更恰当的教学方法，确定教学目标？

6. 初中教师要分析学生中考成绩的平均分（含校平均分、含班平分、含各科平均分）这是对学校教学成果的评价，又为改革学校的教育提供了极为鲜活的事例？

7. 高中教师要分析学生高考成绩的平均分（含高考全校平均分、高考单科平均分、高考班级平均分、高考班单科平均分），这是教师教育成果的汇报？

8. 各校把平均分一一分析清楚，为提高教学质量打下了良好的基础？使教学目标更明确？

9. 分析各种考试的平均分，可将历年的平均分数做以比较，为学校积累教育经验提供了最实际的例子？

10. 分析学校教学的水平，平均分可以说是最实际、最有用、最有效的“教情与学情”，对否？为什么？

11. 学校出几个尖子生不能代表学校教育的水平，是这样的吗？因为它不能代表学校的教育水平，你同意吗？

## 七〇、执行力是领导者素质和执行者素质结合产生的合力

分析：

1. 什么是执行力？有确切的定义吗？

2. 执行力是一个文科的概念，没有确切的、举世公认的定义，对否？

3. 研究执行力可以用自定义方法和他定义方法来研究，这种研究方法有道理吗？

4. 执行力是领导者素质和执行者素质结合产生的合力，如何理解这个定义？

5. 有威信的领导分配下属工作，下属会拼命地干，没有威信的领导分配下属工作，下属吊儿郎当干，工作效益迥然有异，对否？为什么出现这种情况？同一个人工作具有可比较的性质吗？为什么出现不同的结果？

6. 领导的威信严重影响下属工作的意愿，对否？为什么？

7. 影响执行力有四个基本要素，即：执行者的意愿、执行者对任务理解的程度、执行者的素质、对执行者工作的评价，有道理吗？

8. 领导者的威信严重影响执行者的意愿，是这种情况吗？用此观点可以评价问题4的观点？

9. 如何提高教师的执行力？

10. 如何提高校长的执行力？

11. 一个人的能力是他的硬实力，一个人的品德是它的软实力，软实力决定硬实力的力量，可以这样理解吗？

12. 执行力决定工作的效力，如何提高单位和个人的执行力？

13. 在任何工作中，在考虑任何工作，总要想到人的素质，这是为什么？这是规律？

## 七一、高校校长的基本能力是“五进”

分析：

1. 高校校长的职能是什么?

2. 高校校长的基本能力是什么?

3. 高校校长的宏观能力是具有政治家、教育家的素质，体现在何处?

4. 高校校长的基本能力是“五进”，即能进课堂、能进学校、能进教育部、能进联合国教科文、能进社会，可以吗?它带给人们的启示是什么?

5. 校长能进课堂是什么含义?对校长提出了什么要求?

6. 校长能进学校是什么含义?对校长提出了什么要求?

7. 校长能进教育部是什么含义?对校长提出了什么要求?

8. 校长能进联合国教科文是什么含义?对校长提出了什么要求?

9. 校长能进社会是什么含义?对校长提出了什么要求?

10. 校长的素质常常决定学校发展的方向、速度和效益，对否?为什么?

11. 校长仅仅靠“五进能力”领导学校吗?

12.“五进能力”校长对校长的发展带来了什么启示?

13. 校长靠非权力因素领导吗?体现在何处?

14. 校长靠人格特征领导吗?体现在何处?

15. 校长是靠非权力因素支持的“五进能力”来领导，可以吗?它对校长素质提出了什么要求?这为选择校长、培训校长提供了什么启示?

16.“五进”校长常常表现的是教育家的能力，政治家的能力表现在何处?

17. 校长政治家的能力具体表现为能带领全校师生全面贯彻落实党的教育方针，并取得令人满意的成绩，可以吗?

## 七二、高校自主权意味着责任的转移

分析：

1. 权力意味着责任，对否？为什么？

2. 权力意味着对学校的要求，对否？为什么？

3. 权力意味着创新空间的扩展，对否？为什么？

4. 权力体现的是办学的水平，对否？为什么？

5. 权力意味着可支配的力量，对否？为什么？

6. 高校自主权有利于培养学校的特色，对否？为什么？

7. 高校自主权意味着对领导素质、能力和责任心的要求，对否？为什么？

8. 高校自主权意味着办学思路，办学措施的创新，对否？为什么？

9. 高校自主权意味着管理水平的提高，对否？为什么？

10. 高校自主权意味着办学责任的转移，对否？为什么？

11. 高校自主权意味着领导的责任更大，素质应当更高，对否？为什么？

12. 高校办学自主权意味着什么？意味着责任？

13. 高校办学自主权意味着领导干部利用资源的能力和水平要不断提高，对否？为什么？

14. 高校办学自主权意味着管理权限的扩大，管理水平的提高，对否？为什么？

15. 高校办学自主权的根本含义是要求高校提高办学效益，提高教育质量，对否？为什么？

16. 研究高校自主权的本质是权与责任的关系，对否？为什么？

17. 高校自主权意味着对学校的办学水平要求更高，对否？为什么？

18. 高校自主权意味着高校有更多更广的创新空间，能为社会培养出更多的适用人才，对否？为什么？

## 七三、要用大系统的方法分析相关系统中存在的难点

分析：

1. 什么是系统？

2. 什么是系统方法？

3. 什么是用系统方法来分析系统中小事的方法？

4. 事物是互相联系的，因此一定事物都存在于一定系统之中，对否？

5. 如何确定一定的系统？这是思考解决问题的关键，对否？为什么？

6. 确定系统要有对事物本质的理解，对否？为什么？

7. 一定事物中的难点表现在一定的系统之中，对否？为什么？

8. 一定事物中的难点要在一定系统中思考、解决，对否？为什么？

9. 一定事物中的难点有时要到一定系统中的外部去分析问题，对否？为什么？

10. 将事物分为核心层问题、外围层问题、相关层问题，可否？事物是一层一层地影响，解决问题要一层一层地解决，对否？为什么？

11. 解决系统中的难点问题，既要看到系统中的事，又要看到与系统相关的事，对否？为什么？

12. 有些问题在小系统内部不能解决常常受到大系统若干因素的影响，这是思考问题的一种想法，对否？为什么？如何分析中小学生负担过重问题？

13. 存在决定意识。事物是互相联系的又是互相影响的，是利益相连还是权力相连？是利益影响还是权力影响？是制度影响还是政策影响？

## 七四、优化教育系统中的 5+1 支队伍是提高教育质量的基础

分析：

1. 为教育服务是一个体系，对否？为什么？

2. 以教育系统中的人员为例，有政府行政官员、有以校长为代表的校内行政官员、教师、教育督导员、教研员和教育科研人员，对否？

3. 教师的责任是育人教书，要求教师的品德高尚，理所应当，仅仅要求教师的品德吗？

4. 在学校，校长是老师的老师，不要求校长的品德能行吗？教师会有什么想法呢？

5. 政府的教育行政官员，是校长的校长，不要求他们的品德能行吗？校长会有什么想法？

6. 要提高教育质量，首先要优化为教育服务的体系，对否？为什么？

7. 教育的成功常常是为教育服务的教育体系的成功，对否？为什么？

8. 优化为教育服务的教育体系是提高教育质量的基础，对否？为什么？

9. 研究教育系统中的5+1支队伍为研究教育管理提供了什么启示？

10. 如何提高教育行政官员的素质？

11. 如何提高教育督导员的素质？

12. 如何提高教研员的素质？

13. 为教育服务是一个系统的观点对研究教育管理带来什么启示？

14. 提高教育质量仅仅依靠教师能行吗？

15. 教育系统的质量常常是教育的质量，这样的观点能成立吗？

16. 如何建设“高质量教育体系”？

17. 如何建设学校“高质量教育体系”？

18. 高质量教育体系结出高质量教育成果？

19. 办教育要求人们要有体系意识？要研究体系？改革体系？优化体系？优化教育系统中人员的素质，是提高教育质量的关键？

## 七五、思考任何一项工作、一个改革，可以用“方向—内容—过程—方法—目标—评价”这十二个字来思考

分析：

1. 内容是什么？在教育中，内容代表什么？它可以是知识、能力、技能、兴趣……对吗？更重要的是办学的方向？

2. 过程指什么？过程指为学生学习提供的各种活动？为教师教学提供的各种活动？为社会实践提供的各种活动？

3. 方法指什么？它指为教与学提供的可使用的各种方法？

4. 目标指什么？目标指教与学应当达到的标准？这是终级监测点？

5. 评价指什么？评价指教与学的活动是否达到了目标？这是狭义的评价？评价指实际与预定目标的比较？

6. 评价可以评价方向、内容、过程、方法、目标，对吗？

7. 这一“思维公式”的功能是什么？

8. 这一“思维公式”带给人们的启示是什么？

9. 这一“思维公式”在启发人们如何设计？如何思考？如何评价？

10. 这一“思维公式”是培养能力的一种方法吗？

11. 根据这一“思维公式”，可以进行点创新吗？可以进行线创新吗？可以进行面创新吗？

12. 根据这一“思维公式”，给人们提供了一种什么思维方法？可以类比创新吗？

13. 根据这一“思维公式”，可以改革教学方法吗？

14. 根据这一“思维公式”，可以改革学习方法吗？

15. 根据这一“思维公式”，可以改革评价方法吗？进行点评价？线评价？面评价？体评价？

16. 这一“思维公式”，是社会实践的总结与概括，是教学实践的总结与概括，可以这样思考吗？

17. 如何看待这一“思维公式”，如何利用这一“思维公式”，如何创新这一“思维公式”，是值得研究和极有意义的问题，可以这样思考吗？

18. 这一“思维公式”带给人们的最大启示是要善于总结，总结不好是丢失的财富，为什么？“思维公式”可以当成思维工具吗？

## 七六、研究脑科学的水平，影响研究心理学的水平；研究心理学的水平，影响研究学习学的水平；研究学习学的水平，影响研究教育学的水平

分析：

1. 脑科学研究什么？
2. 目前脑科学研究的水平如何？
3. 脑科学研究的水平影响研究心理学研究的水平？
4. 心理学研究什么？
5. 研究心理学的依据是什么？
6. 目前，我国心理学研究的水平如何？
7. 心理学研究的水平如何影响研究学习学的水平？
8. 学习学研究什么？它是研究学习理论与学习方法的科学？
9. 研究学习学的依据是什么？
10. 目前，我国学习学研究的水平如何？
11. 学习学研究的水平如何影响研究教育学的水平？
12. 教育学研究什么？它是研究教学与育人的理论与实践？
13. 研究教与学的依据是什么？
14. 目前，我国教育学研究的水平如何？
15. 研究教育学、学习学、心理学、脑科学如何为提高教育质量服务？
16. 问题15提出的知识链可以成立吗？
17. 问题15提出的知识链为研究教育带来了什么启示？

18. 问题15提出的知识链为提高教育质量带来什么启示？

19. 知识之间、能力之间、思想之间是怎么互相影响的？如何利用其他方面的研究成果提高教育质量？如何理解，影响教育质量是一个体系？

## 七七、教育政策产生生产力、推动力

分析：

1. 政策，是执政党领导国家为实现一定历史时期的路线、目标、任务而提出并规定的行动准则，对否？

2. 政策是一个国家一定历史时期的产物，对否？为什么？

3. 政策依据宪法、法律、工作目标而制定，对否？

4. 政策根据国情，国家发展程度而制定，对否？

5. 政策根据社会实践而制定，对否？

6. 政策根据特殊人群、特殊地区、特殊事项制定特殊政策，对否？没有特殊还存在政策吗？

7. 政策可以调节社会上各种利益关系，调节社会生产力的结构，调节人们的利益分配，对否？为什么？

8. 政策可以调动和约束社会上的生产力，因此既是推动力又是阻力，对否？为什么？

9. 政策领导社会的工作，推动社会的工作，约束规范社会上的工作，对否？为什么？

10. 制定政策是理论和实践的结晶，对否？

11. 如何理解政策是经验和教训的结晶？

12. 制定政策、执行政策是执政党执政能力的具体表现，对否？为什么？

13. 制定政策、执行政策是领导干部领导能力的具体体现，对否？为什么？

14. 如何使教育政策既与时俱进又相对稳定？

15. 教育政策是在教育理论与教育实践结晶的基础上，优化发展教育的推动力、生产力，对否？为什么？

16. 教育政策是建国强国的软实力？

## 七八、影响教育的任何一个变量都是教育能

分析：

1. 教育中有多少因素是影响教育质量的变量？教育中有多少因素是影响教育质量的主要变量？

2. 研究影响教育变量的意义何在？

3. 教育中的任何一个变量都与教育质量有着相关关系，对否？

4. 改变教育中的任何一个变量都会影响教育的效果，这是思考问题的基本点，对否？

5. 针对教师而言，教师影响教育质量的变量有哪些？如何培养？如何提高？如何评价？

6. 针对学校而言，学校影响教育质量的变量有哪些？如何提高？如何优化？如何评价？

7. 针对社会而言，社会影响教育的变量有哪些？如何建设？如何利用？如何评价？

8. 针对政策而言，政策影响教育的变量有哪些？如何制定政策？如何利用政策？如何评价政策？

9. 研究影响教育的任何一个变量都是教育能，对提高教育质量有什么作用？

10. 研究影响教育的任何一个变量都是教育能，对提高教育、科研质量带来什么启示？

11. 教育理论和教育实践相结合，怎么结合最有效？怎么研究最实际？怎么研究才能为教育创新作贡献？

12. 影响教育的任何一个变量都是教育能，这一命题为人们如何提高

教育质量带来什么启示？

## 七九、教学中作业和考试是刺激学生学习的重要刺激物

分析：

1. 学生的作业如何刺激学生学习？

2. 凡是学生的作业全刺激学生的学习吗？

3. 何种作业可以有效刺激学生的学习？何种作业在领学生走“磨盘式”的老路？

4. 从学生的作业是刺激学生学习的刺激物来考虑，如何改革学生的作业？

5. 考试如何刺激学生学习？

6. 凡是考试全刺激学生的学习吗？

7. 何种考试可以有效刺激学生的学习？

8. 从考试是刺激学生学习的刺激物来考虑，如何改革考试？

9. 作业的功能是什么？充分利用了吗？它是理论问题还是实践问题？利用作业的功能又不增加学生过重课业负担，是教学水平的具体表现形式？

10. 考试的功能是什么？如何有效利用？

11. 作业如何培养学生发散思维？

12. 作业如何培养学生收敛思维？

13. 考试如何培养学生的发散思维？

14. 考试如何培养学生的收敛思维？

15. 作业如何培养学生的创新能力？

16. 考试如何培养学生的创新能力？

17. 在教学的过程中，作业的功能、考试的功能被研究得充分吗？教育界认识程度如何？

18. 如何改革作业、考试来强化其功能？强化其功能的前提是不增加

学生过重课业负担？

19. 应当研究改革作业功能的方法吗？

20. 应当研究改革考试功能的方法吗？

21. 如何利用作业、考试提高学生学习的水平？提高培养能力的水平？

22. 如何改变作业和考试的内容、形式和方法，达到减轻负担、提高学习水平的目标？

## 八〇、学生的自尊心和自信心是一种巨大的自我教育力量

分析：

1. 什么是自尊心？

2. 自尊心是天生就有的吗？

3. 什么是自信心？

4. 自信心是天生就有的吗？

5. 自尊心为什么是一种巨大的自我教育力量？

6. 自信心为什么是一种巨大的自我教育力量？

7. 在教育的过程中，如何培养学生的自尊心？

8. 在教育的过程中，如何利用学生的自尊心提高教育质量？

9. 在教育的过程中，如何激励学生的自尊心提高教育质量？

10. 在教育的过程中，如何培养学生的自信心？

11. 在教育的过程中，如何利用学生的自信心提高教育质量？

12. 在教育的过程中，如何激励学生的自信心提高教育质量？

13. 提高教育质量仅仅是努力提高学生的学习水平吗？

14. 学生的自尊心和自信心是巨大的教育力量给教学带来什么启示？它是内心发动机的点火器吗？

15. 利用学生的自尊心和自信心提高教育质量是教学艺术吗？它给教学带来什么启示？

16. 由学生的自尊心和自信心对提高教育质量的作用，对教师的素质

提出了什么要求？

17. 如何体现精神力量对提高教育水平的作用？

## 八一、减轻中小学生过重课业负担，是教师的责任，也有社会的责任

分析：

1. 减轻中小学过重课业负担指什么？

2. 中小学课业负担过重，是什么因素造成的？其内因是什么？外因是什么？

3. 中小学课业负担过重，是教师造成的吗？为什么？

4. 中小学课业负担过重，是家长造成的吗？为什么？

5. 中小学课业负担过重，是社会造成的吗？为什么？

6. 社会上考大学越难，课业负担越难减轻，对否？为什么？

7. 社会上考大学不难，为什么还不能减轻中小学的课业负担？是因为考重点大学难？

8. 社会上就业压力越大，课业负担越难减轻，对否？为什么？

9. 社会上贫富差距越大，课业负担越难减轻，对否？为什么？

10. 社会上录用人才越看重学历，课业负担越难减轻，对否？为什么？

11. 社会上不同岗位的工资水平差距越大，课业负担越难减轻，对否？为什么？

12. 如何提高教学质量来减轻课业负担？

13. 如何提高教科书的质量来减轻课业负担？

14. 如何提高教学环境的条件来减轻课业负担？

15. 如何避免无效学习来减轻课业负担？

16. 增加学生的课业负担，是一群复杂因素作用的结果，对否？为什么？

17. 如何理解减轻学生的课业负担有全社会的责任？

18. 学生的作业再多，走的全是磨盘式的老路，对学生的发展将起到什么作用？无用功做得越多，学生的课业负担越重？

19. 提高作业的水平（少而精），是解决课业负担过重的方法吗？

20. 在作业中如何培养学生的创新思维，是培养学生能力的有效途径，对否？为什么？

21. 减轻学生过重的课业负担是一个复杂的系统，涉及的因素极为广泛，有共性也有个性，对否？为什么？

22. 减轻学生过重的课业负担，与教师评比标准有关系吗？与校长评比标准有关系吗？

23. 减轻学生过重的课业负担，为什么减不下来？根源到底在什么地方？

24. 社会何种因素在影响学生课业负担？

25. 提高教师的教学质量，是减轻过重的课业负担的重要措施，对否？为什么？

26. 某教师教学质量越高，学生上课学习越明白，回家越不看其教的书，集中精力去学习某教师讲不明白的课程，去补习上课听不明白的课程，有这种情况吗？从学生的学习成绩如何评价教师的教学质量？仅仅从学生的学习成绩来评价教师的教学质量，客观吗？合理吗？

27. 学校只能减轻学校可以控制的学生作业，控制不了“社会作业”，对否？为什么？

## 八二、基础教育中有由“就业—文凭—大学—考分”八字构成的一把锁

分析：

1. 社会存在决定社会意识。社会存在什么决定教育中的什么意识？

2. 教育中存在的现象是社会存在在教育中的一种反映，对否？

3. 如何理解“就业—文凭—大学—考分”这把锁？

4. 人之常情，谁家的学生不是为了就业？

5. 为了就业，为了可持续就业，没有大学毕业文凭能行吗？

6. 能考进大学最基本的条件是什么？考分是最基本最重要的条件，对否？为什么？

7. 如何解开由八个字构成的这把锁？如何减少锁的锁力？

8. 社会上就业的压力越大，这把锁的锁力越大，对否？为什么？

9. 社会基尼系数越大，这把锁的锁力越大，对否？为什么？

10. 社会上录用的人的标准越强调学历，这把锁的锁力越大，对否？为什么？

11. 锁住教育，锁住了什么？

12. 锁住教师，锁住了什么？

13. 锁住校长，锁住了什么？

14. 锁住学生家长，锁住了什么？

15. 锁住学生，锁住了什么？

16. 锁住幼儿园，锁住了什么？

17. 这把锁对大学教育有什么影响？

18. 在当前，教育改革的根本是减小锁力，全面贯彻国家的教育方针，对否？为什么？

19. 教育中的这把锁，锁住教育思想的改革吗？

20. 教育中的这把锁，锁住创新人才的培养吗？

21. 教育中的这把锁，锁住教育力量的发挥吗？

22. 教育中的这把锁，对社会风气有什么影响呢？

23. 教育中的这把锁，对培养学生的质量带来了多大的损失呢？

24. 教育中的这把锁，是如何阻碍教育质量提高的呢？

25. 若教育中的这把锁在近期内还无法解开，如何提高教育质量？

26. 社会综合原因构成了这把锁，必须用综合措施解开这把锁，如何思考这个问题？

# 八三、校风和教学水平是学生择校的着力点

分析：

1. 学生择校的目的是什么？

2. 学生择校择的是教学水平吗？

3. 学生择校择的是校风吗？

4. 学生择校，第一择的是校风，第二择的是教学质量，对否？为什么？

5. 从学生择校看如何建设一所学校？

6. 从学生择校看如何做到均衡教育？

7. 从学生择校看如何消灭择校？

8. 从学生择校看目前办校存在什么问题？

9. 从学生择校看师资应当如何配备？

10. 从学生择校看校园文化应当如何建设？

11. 从学生择校看均衡教育应当均衡什么？

12. 从学生择校看是行政命令可以制止学生择校吗？

13. 从学生择校看均衡教育绝非朝夕之功，对否？为什么？

14. 学生择校择的是学校特色吗？

15. 什么学校具有什么特殊的权利？学生择校择的是学校具有特殊的权力吗？

16. 从学生择校到建设学校，给人们带来什么启示？

17. 择校挑战的是教育质量和社会公平？

18. 择校影响教育公平地推进？

19. 以钱择校在社会产生的影响是什么？

20. 以权择校在社会产生的影响是什么？以情择校呢？

21. 择校在搭建教育腐败的温床？

22. 社会存在影响择校，择校影响社会风气，社会风气影响育人质量，

对否?

23. 学生择校是多种信息的反映? 对否?

24. 学校均衡发展指的是什么?

25. 如何有力推动学校均衡发展?

## 八四、中小学生的压力主要来自于四个方面

分析:

1. 中小学生学习的压力是什么? 是精神压力? 是物质压力? 是学习压力?

2. 中小学生的学习受到三方面的影响，受到家庭、社会、学校的影响?

3. 家庭带给学生的压力是什么? 原因何在?

4. 社会带给学生的压力是什么? 原因何在?

5. 学校带给学生的压力是什么? 原因何在?

6. 学生自身产生的压力是什么? 原因何在? 它是以上三种压力的“综合体”?

7. 每位学生可以承受的压力是不一样的，对否? 为什么?

8. 适当的压力对学生有推动作用，对否? 为什么? 如何掌握适当?

9. “过载”的压力对学生有消极的负面的影响，甚至出现对待自己生命的种种现象，对否? 如何掌握“过载”?

10. 学生“过载”的压力来自何方? 家庭、社会、学校有什么方法，为其“卸载”?

11. 家庭的压力是家长对自己的孩子教育缺少恰当的方法?

12. 学校的压力是教师的教学效果不佳给学生带来压力?

13. 学生精神上“过载”的压力不解除对学生成长会带来什么影响? 有可能影响其一生吗?

14. 学生“过载”的压力降低教育的效益?

## 八五、总结是不可多得的最实际的育人课堂

分析：

1. 总结的重要成果是要得出有价值的工作经验，对否？

2. 经验是财富而且是不可多得的财富，对否？为什么？

3. 总结出的经验是教师，可以吗？

4. 总结出的经验是镜子，可以吗？

5. 总结出的经验是路标，可以吗？

6. 总结出的经验是理论创新的原材料，可以吗？

7. 总结是对阶段工作的分析和研究，可否？

8. 总结是参与者相互学习的过程，可否？

9. 总结是集体凝聚智慧的过程，可否？

10. 总结是“望远镜”，可否？

11. 总结是“显微镜”，可否？

12. 总结是“广角镜”，可否？

13. 总结既是教科书又是课堂，可否？

14. 总结是经验交流的过程，又是工作“传帮带”的过程，可否？

15. 总结是“加油站”，总结是“充电器”，总结是老师，总结是裁判员，可否？

16. 总结具有多功能的作用，它是多种信息的反映体，如何利用总结提高工作的水平？

17. 如何研究总结？如何利用总结提高工作水平？

18. 利用总结提高工作水平是工作艺术吗？

19. 利用总结提高工作水平是领导能力吗？

## 八六、学生过重的课业负担来自何处

分析：

1. 学生学习应当有一定的负担，为什么？

2. 学生学习过重的课业负担指什么？

3. 学生学习过重的课业负担来自何方？

4. 学生学习过重的课业负担是怎么造成的？

5. 为什么减轻学生过重的课业负担总是减不下来？还有越减越多的趋势？原因何在？

6. 影响“过重的课业负担”是一个综合因素？这综合因素是什么？能一一查清吗？

7. 过重的课业负担来自家庭？来自社会？来自学校？来自教师的教学质量？

8. 学生过重的课业负担主要来自什么地方？弄清楚源才能解决源产生的问题？

9. 社会就业的压力会转在过重的课业负担上？

10. 家长过高的期望会转在过重的课业负担上？

11. 学校之间的竞争会转在过重的课业负担上？

12. 教师讲课质量不如人意会转在过重的课业负担上？

13. 教师不清楚练习的理论，将学生的作业无限加码会转在学生过重的课业负担上？

14. 学生的练习相当多的内容属于走的是“磨盘式的老路”，练习的是“磨盘式的动作”，转在过重的课业负担上？

15. 授课教师之间的竞争会转在过重的课业负担上？

16. 教师的奖励制度会加重学生过重的课业负担？

17. 学校的奖励制度会加重学生过重的课业负担？

18. 学校和老师的荣誉制度会加重学生过重的课业负担？

19. 学生过重的课业负担与教师的教学水平密切相关？相关在什么地方？

20. 学生过重的课业负担与学生的学习兴趣有关吗？教与学的过程中如何提高学生的学习兴趣？

21. 增加学生过重的课业负担是极为复杂的因素造成，如何一一分析，因事制宜地加以解决？

22. 增加学生过重的课业负担，减少的是对学习的兴趣，压垮的是学生的身体，最可怕的是压垮学生热爱学习的心灵，为什么？

23. 学生厌烦学习的情绪会迁移到其成人后对学习的影响？

24. 教育处处无小事体现在何处？小事变大事？

25. 如何提高教育质量，将减轻学生过重的课业负担减下来？

26. 减轻学生过重的课业负担，增加了什么？是学习的兴趣？是健康的身体？是热爱学习的心灵？

27. 学生过重的课业负担，常常来自于学习中的“无用功”，如何减少“无用功”？“无用功”来自于何方？

28.“减轻学生过重的课业负担”绝不是小事，其是大事，大在何处？大在摧残学生学习的心灵？乃至使学生产生轻生的想法？

## 八七、教师不是传达室、收发室的工作人员

分析：

1. 传达室的功能是什么？照收照发？上情下达？下情上传？

2. 教师的职责是什么？教书育人？为育人而教书？

3. 教师的工作有什么特点？是使不断变化的人不断进步、发展？

4. 教师是“传达室”的教育效果如何？

5. 教师不是“传达室”对教师的素质提出了什么样的要求？

6. 目前，有多少教师的教育在做“传达室”的工作？

7. 教师在做教育中的“传达室”的成因是什么？是主观原因还是客观

原因？

8. 教师的工作不是传达室揭示的道理是什么？它比喻教育中的什么现象？

9. 教师的工作是创新的工作？

10. 教师的工作是因材施教的工作？因材施教的前提是先识材，识材对教师提出了什么要求？

11. 教学艺术是不可模仿的艺术？

12. 教师的工作永远不是“死记硬背”的工作？

13. 教师的工作永远不是照抄照搬、照收照发的工作？

14. 教师不是传达室对培训教师指出什么道理？指出什么路径和方法？

15. 如何评价教师的工作？

16. 教师要培养学生的创新精神，教师如何首先培养自己的创新精神？

17. “创新型”教师对教师的素质提出了什么要求？

## 八八、学会分析教学方法的方法

分析：

1. 什么是教学方法？
2. 如何分析教学方法？
3. 分析教学方法是为了使用教学方法？
4. 分析教学方法是为了改革教学方法？
5. 分析教学方法是为了研究教学方法？
6. 分析教学方法是为了评价教学方法？
7. 分析教学方法是为了培训教师？
8. 分析教学方法是为了设计教学方法的优化利用？
9. 分析教学方法要分析其在何种条件下能发挥其最大的效益？
10. 分析教学方法是为了有效培训教育管理人员？

## 八九、对某种教学方法的分析是教如何利用教学方法

分析：

1. 分析某种教学方法要分析其主要适用的教学情境？

2. 分析某种教学方法要分析其最优化的程序？

3. 分析某种教学方法要分析其对教师素质的要求？

4. 分析某种教学方法要分析其对学生素质的要求？

5. 分析某种教学方法要分析对教学设施的基本要求？

6. 分析某种教学方法要分析其最大的优势？

7. 分析某种教学方法要分析其容易出现的主要问题？

8. 分析某种教学方法要分析其经济效益？

9. 分析某种教学方法要分析实际效果？

10. 分析某种教学方法在教如何利用教学方法？

11. 分析某种教学方法在教如何培养教师的能力？

12. 分析某种教学方法在教如何研究教学方法？

13. 分析某种教学方法在教如何改革教学方法？

14. 分析某种教学方法在评价某种教学方法？

15. 如何将分析教学方法变为产生方法的方法？

## 九〇、任何一种教学方法都有其对教师素质的要求，对学生素质的要求，最大的优势和容易出现的问题

分析：

1. 任何一种教学方法说的是每一种教学方法吗？

2. 任何一种教学方法都有其对教师素质的要求，教学方法不一样，对教师素质的要求也不一样，对否？为什么？

3. 任何一种教学方法都有其对学生素质的要求，教学方法不一样，对

学生素质的要求也不一样，对否？为什么？

4. 任何一种教学方法都有其在一定条件下的最大优势，对否？为什么？

5. 任何一种教学方法都有其在一定条件下的明显劣势，对否？为什么？

6. 言语讲授教学法对教师素质和学生素质各有什么要求？

7. 言语讲授教学法在何种情况下显示出最大的优势？

8. 言语讲授教学法在何种情况下显示出明显的劣势？

9. 如何分析一种教学方法的相对优势和劣势？

10. 如何分析一种教学方法对教师素质的要求？

11. 如何分析一种教学方法对学生素质的要求？

12. 如何评价一种教学方法？评价什么最有效？

13. 如何宣传一种教学方法？宣传什么最有效？

14. 由评价任何一种教学方法的方法可知，可以任意抛弃、批判某种教学方法吗？

15. 由评价一种教学方法的方法可知，可以任意夸大某种教学方法的作用吗？

16. 最优化的教学方法是实际活动的产物，它不是预先固定好的模式，对否？为什么？

17. 任意宣布一种教学方法是“填鸭式”教学方法，恰当吗？是方法本身的毛病还是使用者对教学方法分析不全面的问题？还是评价者理论的问题？

18. 在教育界应当研究评价教学方法的理论，有必要吗？目前状况如何？水平如何？

19. 在某种条件下，“填鸭式”的教学方法有时是必要的，对否？为什么？

20. 任何一种教学方法最大优势是在什么条件下才能发挥出来？它带给人们的启示是什么？

## 九一、为教学方法、学习方法建立定理是有必要的

分析：

1. 定理是什么？

2. 定理是规律吗？

3. 定理是规律就必须遵循，对否？

4. 规律是对人们工作的要求，对否？

5. 规律是对人们工作指出的路径和方法，对否？

6. 规律是对人们工作的警示，对否？

7. 规律是对人们工作的评价，对否？

8. 为教学方法建立定理即为教学方法找到规律，有必要吗？

9. 为学习方法建立定理即为学习方法找到规律，有必要吗？

10. 若建立定理是必要的，关键是能否找到符合客观规律的定理，对否？为什么？

11. 为教学方法建立定理是否为教师教学、选择教学方法提供了方便的条件？

12. 为学习方法建立定理是否为学生学习、选择与掌握学习方法提供了方便的条件？

13. 教学方法的定理是为教师选择教学方法提供了方向、原则，对否？为什么？

14. 学习方法的定理是为学生选择学习方法提供了方向、原则，对否？为什么？

15. 为教学方法和学习方法建立定理的社会意义是什么？

16. 万能的教学方法存在吗？万能的学习方法存在吗？

17. 如何选择教学方法？

18. 如何选择学习方法？

19. 选择好教学方法对教师素质有什么要求？

20. 选择好学习方法对学生素质有什么要求？

## 九二、“教学有法，但无定法，搞好教学，贵在得法”可以作为教学定理

分析：

1. 什么是教学方法？有确切的定义吗？

2. 什么是定理？定理需要证明吗？

3. 什么是教学定理？它需要证明吗？

4. “教学有法”的含义是什么？

5. “但无定法”的含义是什么？

6. “搞好教学”的含义是什么？

7. “贵在得法”的含义是什么？

8. “教学有法，但无定法，搞好教学，贵在得法”可以作为教学定理吗？

9. 若上述 16 个字可以作为一条教学定理，对提高教师的教学水平有什么意义？

10. 若 16 字定理成立，对教学改革有什么意义？

11. 若 16 字定理成立，对提高教学研究水平有什么意义？

12. 若 16 字定理成立，对提高教育行政人员的管理水平有什么意义？

13. 若 16 字定理成立，对教师研究最优化的教学方法有什么意义？

14. 若 16 字定理成立，教师的教学没有教学方法可依了吗？

15. 若 16 字定理成立，对强行推广一种教学方法有什么影响？

16. 若 16 字定理成立，对宣传某种教学方法为特优模式，有什么影响？

17. 若 16 字定理成立，它是教学理论吗？

18. 若 16 字定理成立，它可以看成是教学方法改革的方向吗？

19. 方向比努力重要，16 字定理对确定教研方向、培训教师方向有什

么启示？

20. 若16字定理存在，它是对教师选择教学方法的一种指导，对否？为什么？

21. 若16字定理存在，它是对教师教学理论提高的有效助推器吗？

## 九三、一种教学方法不能在异地“原版”复制

分析：

1. 一种教学方法指什么？是任何一种教学方法？

2. 异地指什么？是指教学环境的改变吗？

3. 原版复制指什么？是指死搬硬套吗？

4. 最优化的教学方法指什么？

5. 影响选择教学方法的因素指什么？

6. 学生的基本素质、知识水平是选择教学方法的依据吗？

7. 教学条件的改变是选择教学方法的依据吗？

8. 教师对教学方法掌握的熟练程度是选择教学方法的依据吗？

9. 教学内容的变化是教师选择教学方法的依据吗？

10. 任何一种教学方法欲发挥最大效益，都有对学生素质的要求，对教师素质的要求，最大的优势产生所需要的条件和容易产生的问题，等等，对否？为什么？它给人们分析教学方法带来什么启示？

11. 万能的教学方法是不存在的，也就是说适用任何环境的且能获得最好效果的教学方法是不存在的，对否？为什么？

12. 强行推广一种教学方法能行吗？社会上有强行推广某种教学方法的例子吗？

13. 在任何环境都适用的教学方法是不存在的，对否？为什么？

14. 学习他人的教学方法学习什么？学习的本质是什么？

15. 人们应当辩证地分析一种教学方法，介绍一种教学方法，对否？为什么？

16. 一种教学方法不能在异地原版复制带给人们的启示是什么？

## 九四、“学习有法，但无定法，搞好学习，贵在得法”可以作为学习定理

分析：

1. 什么是学习方法？不同水平的学习，不同内容的学习有不同的学习方法？

2. 什么是定理？定理需要证明吗？

3. 什么是学习定理？它需要证明吗？

4. “学习有法”是什么含义？

5. “但无定法”是什么含义？

6. “搞好学习”是什么含义？

7. “贵在得法”是什么含义？

8. “学习有法，但无定法，搞好学习，贵在得法”可以作为学习的定理吗？

9. 选择学习方法的依据是什么？学生根据什么来选择自己的学习方法？

10. 若上述16个字可以作为学习定理，对提高教师的教学水平、学生的学习水平有什么意义？

11. 若上述16个字可以作为学习定理，对教师介绍学习方法提出了什么要求？

12. 教师强行推广一种学习方法可以吗？科学吗？说明了什么问题？

13. 如何研究最优化的学习方法？它不是固定的学习方法？

14. 学生学习的水平不一样，学习的方法能一样吗？

15. 学生学习的环境不一样，学习的方法能一样吗？

16. 每一个人的智力水平不一样，学习方法能一样吗？

17. 影响学生学习的因素不一样，因此选择学习方法不一样，对否？

为什么？

18. 教师应当如何向学生介绍优秀的学习方法让学生去选择？它是教师学习理论水平的具体表现？

## 九五、A 生使用的学习方法对 B 生而言，不能“原版”复制

分析：

1. A 生和 B 生的素质一样吗？

2. A 生和 B 生的学习水平一样吗？

3. A 生和 B 生的学习环境一样吗？

4. A 生和 B 生的学习动力一样吗？

5. A 生和 B 生对某种学习方法的理解程度、应用的水平一样吗？

6. “原版复制” 即一模一样地照搬、照抄、照办，对否？

7. 在学习中，要求最优化的学习方法，即在当时的条件下，使用的时间、精力最少，而获得的效果最好，对否？如何追求最优化的学习方法？

8. 最优化的学习方法是预先制定好的模式吗？它还是实际活动的产物？

9. 一些教师硬性规定学生一定使用某种学习方法，这样的规定科学吗？

10. 如何看待一些优秀学生介绍的学习方法？

11. 如何看待一些书籍中介绍的学习方法？

12. 世界上有固定的最优化的学习方法吗？

13. 如何理解某学生使用了对他而言的最优化的学习方法？

14. 本定理的关键在于不能“原版复制”，其为何为最关键之处？

15. 本定理对最优化教与学提供了什么启示？

16. “引进、消化、吸收、结合实际再创新” 是学习学习方法的一种方法吗？

17. 学习学习方法要学习其本质而不是学习其形式，这样思考可以吗？

18. 万能的学习方法存在吗？为什么不存在？

19. 一种学习方法优于另一种学习方法，是什么意思？

20. 最优化的学习方法指使用的时间、精力最少，而获得的效果最好，是这样吗？

21. 每位学习者应当在了解各种学习方法后，选择最适合自己的最优化（高效）的学习方法，对否？

## 九六、精讲多练不能成为一条教学原则

分析：

1. 何为精讲多练？

2. 精讲什么？

3. 多练什么？

4. 有时极为抽象的内容，教师细讲学生还不明白，仍然坚持精讲，这样的教学效果会好吗？

5. 有时讲授的内容只是让学生理解，没有练习的内容，此时多练练习什么？

6. 教学原则是教学中必须遵循的基本要求，在教授不适宜精讲又不适宜多练的教学内容，仍要坚持精讲多练，能坚持下去吗？

7. 教学原则是教师在讲授知识时必须坚持的原则，不能将教学一时一事可行的教学方法定为教学原则，可以吗？

8. “精讲多练”远不适宜确切地全面地概括师生的多种活动。有的教师滔滔不绝讲一节课，表面上学生不曾有任何活动，但教师推动学生开展了思维活动和想象活动，如何评价教师精讲学生多练？

9. “多练”，有的练习学生走的是磨盘式老路，这样练习的意义大吗？

10. “多练”，有内隐的，有外显的，对否？

11. 不能只把外显的练习作为练习，而内隐的活动不是练习，这样思

考对否？

12. 在教与学的过程中，不要用简单的活动方式局限师生的活动，对否？为什么？

13. 因材施教是一条教学原则。教师会遇到不同的“材”，因此教师要施以不同的“教”，对否？为什么？其活动形式必然多种多样？

14. “精讲多练”不能成为一条教学原则，为什么？

## 九七、要充分发挥数字教育的优势

分析：

1. 什么是数字技术？

2. 数字技术是与计算机相生相伴的科学技术？

3. 数字教育是什么？

4. 数字教育是利用数字技术和网络平台，为教育提供多元化、个性化、智能化服务的技术？

5. 数字教育是一种教育方法？

6. 数字教育的优点是什么？如何扩大其教育效益？

7. 数字教育对教师素质的要求是什么？

8. 数字教育对教学设备有什么要求？

9. 数字教育对学生素质的要求是什么？

10. 数字教育是万能的教学方法吗？

11. 数字教育应当注意的注意事项是什么？

12. 如何培训利用数字教育教学的教师？

13. 目前数字教育不能广泛应用的原因是什么？

14. 如何利用数字教育手段，广泛提高教育效果？

15. 数字教育应当遵守教学原则？

16. 数字教育应当遵守学习原则？

17. 教与学的理论适用于数字教育吗？

18. 为充分利用数字教育的功能，前期准备工作是什么？

19. 数字教育不是万能的教学方法，它只是教学方法的一种，或是一种教学方式，对否？

20. 数字教育不是万能的教学方法，不是万能的学习方法，应用数字教育必然有对教师素质的要求，对学生素质的要求、对教学环境的要求，必然有其教学的最大优势，也必然有其教学中容易带来的问题，对否？为什么？

21. 数字教育为“移植”教学实况提供了极为方便的条件，但“移植”教学是有条件的，这条件是什么？

22. “教学机器不会笑”，教学是一个移情的过程，在用教学机器教学时，如何加上“笑”的内容，是提高数字教育质量的有效方法吗？

23. 数字教育离不开教育规律，教学原则，对否？为什么？

24. 我国数字教育开展得怎样？如何做些未雨绸缪的事情，为数字教育的发展奠定条件？

## 九八、任何一个人的工作都是全人格参与的过程

分析：

1. 什么是一个人的全人格？有确切公认的定义吗？

2. 一个人的全人格主要包括哪些内容？

3. 一个人的工作为什么不仅仅是智力参与的过程？

4. 一个人的工作为什么不仅仅是体力参与的过程？

5. 强调任何一个人的工作都是全人格参与的过程有什么意义？

6. 强调任何一个人的工作都是全人格参与的过程，对培训教师提出了什么要求？

7. 强调任何一个人的工作都是全人格参与的过程，对培养学生提出了什么要求？

8. 强调任何一个人的工作都是全人格参与的过程，对教育改革提出了

什么要求？

9. 强调任何一个人的工作都是全人格参与的过程，对校园文化建设提出了什么要求？

10. 强调任何一个人的工作都是全人格参与的过程，对培养学生情商是否提供了佐证的材料？

11. 一个人的能力可以粗略看成是一个人的硬实力，一个人的品德可以粗略看成是一个人的软实力，可以吗？

12. 一个人的全人格可以看成是一个人的综合实力吗？

13. 如何培养一个人的全人格？

14. 如何评价一个人的全人格？

15. 一个人在社会上竞争，实际上是一个人的全人格参与的竞争，对否？为什么？

16. 培养人的全人格对教育提出了什么要求？对教育改革提出了什么要求？

17. 培养人的全人格对教育行政部门提出了什么要求？

18. 培养人的全人格对教材的改革提出了什么要求？

19. 培养学生的全人格是从另外的角度说明培养学生的德智体美劳的重要性，对否？为什么？

20. 任何一个人的工作都是全人格参与的过程，这可以成为规律吗？这一规律对指导教育又提出了什么可研究的规律？

21. 如何理解教育处处无小事？如何利用教育处处无小事？如何优化设计教育处处无小事培养学生德智体美劳全面发展？

## 九九、培训教师要培训教师的全人格

分析：

1. 教师的职能是什么？是教书育人？

2. 教师依靠什么完成职能？

3. 教师的工作仅仅是知识加教书的能力完成的吗？

4. 教师靠硬实力育人教书？

5. 教师靠软实力育人教书？

6. 教师靠综合实力育人教书？

7. 教师的综合实力的含义是什么？

8. 教师工作是教师全人格参与的过程，为什么？

9. 若承认教师的工作是教师全人格参与的过程，培训教师要培训什么更恰当，有这样的实践吗？有这样的设计吗？

10. 培训教师能培训教师的全人格吗？

11. 培训教师的内容、形式、方法应当怎样设计？

12. 教师的培训常常是业务的培训，对否？为什么培训的效果有限？

13. 培训教师要培训教师的全人格，是工作性质所决定？是工作规律所决定？是教育规律所决定？

14. 在工作中，如何才能做到培训教师的全人格？

15. 培训教师要培训教师的全人格，给人们的工作带来的启示是什么？

16. 培训校长是否要培训其全人格？全人格是其领导的“资本”？领导的力量？

17. 培训教师是否需要改革？这是教育改革的内容吗？

18. 教师的教学效果有被其人品所抵消的情况吗？这说明了什么道理？

## 一〇〇、教师最基本的人格特征

分析：

1. 教师最基本的人格特征之一是“富于热情和同情心”，其意义在什么地方？

2. 教师最基本的人格特征之二是“富于激励和想象的倾向性”，其意义在什么地方？

3. 教师最基本的人格特征之三是“对工作认真负责的态度”，其意义在什么地方？

4. 教师“富于热情和同情心”，不能教学生任何知识，在于感动学生的心灵强化其学习动机？鼓舞克服困难的勇气和决心？

5. 教师“富于热情和同情心”，不能教学生任何知识，在于激励学生努力学习？这是打动人心教育的一种形式？

6. 教师“富于激励和想象的倾向性”，不能教学生任何知识与技能，其教育作用在于培养学生的自信心？

7. 教师“富于激励和想象的倾向性”，不能教学生任何知识与技能，其教育作用在于培养学生克服困难的勇气和决心？

8. 教师具有对工作认真负责的精神，在于榜样的力量？

9. 教师具有对工作认真负责的精神，在于以身作则？

10. 教师的人格特征不能教给学生任何知识，培养任何能力，但是重要的教育力量，为什么？

11. 培养教师，要培养教师的人格特征，有道理吗？

12. 如何培养教师的人格特征？

13. 培养教师的人格特征对提高教育水平具有什么意义？

## 一〇一、人格需要人格的教育

分析：

1. 人格是什么？

2. 人格的具体内容是什么？

3. 人格的具体表现形式是什么？

4. 人格是如何形成的？

5. 如何评价一个人的人格？

6. 一个人的工作是他全人格参与的过程，为什么？

7. 在培养学生的过程中，为什么强调德智体美劳全面发展？

8. 一个人的人格特征表现了一个人的基本素质，它是如何表现的？

9. 教师需要什么样的人格特征？

10. 一个人的人格特征如何影响另一个人的人格特征？研究它的意义在什么地方？

11. 一个人的人格特征影响另一个人的人格特征，它与人的威信有什么关系？

12. 教师需要具备的最基本的人格特征是什么？它是教育能？

13. 教师如何自觉地培养自己的人格特征？

14. 教师如何精心地培养学生的人格特征？

15. 教师的人格如何影响学生的人格？有什么规律可以遵循？

16. 存在决定意识。教师的人格特征受社会风气的影响，对否？

17. 教师改变不了社会，但是可以改变自己，对否？

18. 与学生接触的所有教师的人格特征之和作用于学生，对否？

19. 教师的情商是重要的人格特征之一，它对提高教育质量有什么作用？

20. 教师的人格特征是一种教育能？

## 一〇二、感情需要感情的投入

分析：

1. 什么是感情？

2. 感情在教育中有什么作用？

3. 感情是教育中的重要因素，对否？

4. 感情不能为学生解题、传授知识，怎么是教育中的重要因素？

5. 感情需要感情的投入是什么意思？是教育规律吗？

6. 教育中缺少感情的投入，对教育会带来什么损失？

7. 在教育界，有多少教师知道感情的投入对提高教育质量有重要的影响？

8. 教育行政部门强调教育中感情投入的重要性了吗？是认识问题还是

责任心问题？

9. 教育中需要感情的投入是普遍的规律吗？

10. 感情的投入可以提高教育质量，它作用的机理是什么？

11. 感情的投入是有艺术的，这是教育艺术吗？

12. 感情的投入是教育的力量，教师投入什么样的感情对教育最有效？

13. 感情的投入是一种教育能，为什么？

14. 感情的投入产生一种爱的力量，爱的力量产生对学生学习的推动力，可以吗？推动学生成长的动力更加持久？

15. 感情的投入产生一种爱的力量，爱的力量使学生产生克服困难的勇气和决心，对否？为什么？

16. 留守儿童缺乏父母感情的投入，儿童“流失”的感情对教育会带来多少损失？可以计算吗？可以弥补吗？教师如何做好这方面的工作？

## 一〇三、智慧需要智慧的启迪

分析：

1. 智慧是什么？

2. 人的智慧的表现形式是什么？

3. 智慧、智力、智能之间有严格的区分吗？

4. 人的智力主要由思维、记忆、观察、注意、想象力所构成，对否？智慧由什么构成？

5. 研究智慧的构成有什么意义？科学的思维方法对智慧的形成起什么作用？

6. 研究智慧的构成是研究智慧的一种方法，对否？为什么？

7. 研究智慧的构成是分析学生智慧水平的一种方法，对否？为什么？

8. 研究智慧的构成是研究培养学生智慧的一种方法，对否？为什么？

9. 研究智慧的构成是启迪学生智慧的一个切入点，对否？为什么？

10. 研究智慧的构成是培养自身智慧的一种方法，对否？为什么？

11. 智慧启迪智慧，有多少种主要方法？有多少种形式？其本质是什么？

12. 智慧启迪智慧的方法，对研究启发式教学方法有什么启示？

13. 智慧启迪智慧的方法，对研究教学方法改革有什么启示？

14. 智慧启迪智慧的方法，对教师设计教学方法有什么启示？

15. 智慧启迪智慧的方法，对教师研究教学方法、改革教学方法、评价教学方法带来什么启示？

16. 如何研究智慧启迪智慧的艺术？它对研究教学艺术有什么启示？

17. 研究智慧启迪智慧的方法是“产生方法的方法”，对否？为什么？

18. 智慧启迪智慧的最佳时机对每个学生都是一样的吗？它要求教师具备什么素质？

19. 研究智慧启迪智慧，对培养教师带来什么启示？

20. 研究智慧启迪智慧，对培养教师的创新能力有什么启示？

21. 研究智慧启迪智慧，对培养学生创新能力有什么启示？

22. 研究智慧启迪智慧，对提高教育水平有什么启示？

23. 智慧启迪智慧与“新知识总是停泊在旧知识的锚桩上”有一定的关系吗？

24. 智慧启迪智慧，对善教者善于指点有什么关系？

## 一〇四、精神需要精神的感染

分析：

1. 精神指什么？
2. 教与学中精神的具体内容是什么？
3. 精神的具体表现形式是什么？
4. 一种精神如何影响另一种精神？
5. 一种精神如何感染另一种精神？
6. 一种精神如何培养另一种精神？

7. 教师教育学生，需要什么精神？如何培养教师“德高为师、身正为范”表现出的种种精神？

8. 精神需要精神的感染更多地强调教师应当具备爱职业、爱教育、爱学生的精神，有一定的道理吗？

9. 如何研究“精神需要精神的感染”？精神感染精神的途径，表现形式是什么？

10. 在教与学的过程中，教师工作的一点一滴对学生都有深刻的影响，教师如何规范自己“一点一滴”的行为？“一点一滴”的行为表现教师的精神？

11. 教学是一个透明的活动，教师教学中的言语、行为学生看得清清楚楚，教师如何提高自身的素养？

12. 好的学校就是有好的教师，好的教育就是有好的教师，教师是用自己的全人格教书育人，如何培养教师？

13. 好的教师的重要特征是能用自己的敬业精神感染学生，对学生进行“腌萝卜”式的教育，有一定的道理吗？

14. 学生的精神能感染教师吗？在教与学的过程中，如何体现师生互学，相互影响，共同进步？

## 一〇五、名师的基本特征是在任何情况下都能认认真真地育人教书且效果显著

分析：

1. 什么是名师？

2. 名师有公认的定义吗？

3. 不同的教育环境对名师有不同的要求，对否？为什么？

4. 不同的教育环境培养着不同的名师，对否？为什么？

5. 不同的名师有不同的特点，对否？为什么？

6. 名师和名学校的教师有本质的区别，对否？为什么？为什么常常出

现混淆的现象？

7. 名师的基本特征是在任何情况下都能认认真真地育人教书且取得一流的效果，对否？为什么？

8. 欲育人教书成功，教师具备的基本条件是什么？

9. 名师必然体现大爱，对否？为什么？

10. 名师必然体现以身作则，对否？为什么？

11. 名师必然体现出出色的教育成果，对否？为什么？

12. 名师必然体现在对工作精益求精，对否？为什么？

13. 名师必然体现在对学生极端的负责任，对否？为什么？

14. 名师必然有令师生佩服的人格特征，对否？为什么？

15. 名师必然有坚毅的性格，有刻苦钻研的精神，对工作极端负责任，有吃苦耐劳、任劳任怨的精神，对否？为什么？

16. 一个包装出来的"名师"有可能持久吗？社会上有包装名师的吗？

17. 名师的基本特征之一是让师生心服、口服、佩服，对否？为什么？

18. 名师是客观形成的还是靠吹捧出来的？吹捧也能成为"全国的名师"，对否？为什么？

19. 研究名师的基本特征是为了培养更多的名师，对否？为什么？

20. 研究名师的基本特征是为了搞清培养名师的规律，对否？为什么？

## 一〇六、教师的知识水平达到某一关键水平以后，与教学效果没有显著的相关

分析：

1. 教师的教学要求教师具备一定的知识水平，如何确定这一定的知识水平？

2. 教师的教学要求教师具备一定的知识水平，不同的年级、不同的学科这一定的知识水平是变化的？随要求的变化而变化？

3. 教师的知识水平达到某一关键水平以后，为什么与教学效果没有显

著的相关？

4. 教师是用自己的全人格进行教学，知识仅仅是其全人格当中的一个元素，对否？为什么？

5.“高学历—高知识—高水平—高效果”的逻辑思维有值得商榷的地方吗？

6. 博士毕业和本科毕业的学生，去教小学“1+1=?”的问题，你能确保博士毕业的学生教学效果一定高于或好于本科毕业的学生？

7. 教学的效果只看教师知识的水平，客观吗？

8. 教学的效果为什么不能只看教师知识的水平？其道理在什么地方？教师的教学效果不能只看教师的毕业文凭，有道理吗？

9. 如何扩展培训教师的思路？这思路来自于何方？

10. 培训教师是教与学的理论在指导培训工作，你同意这种观点吗？

11. 培训教师是“全人格理论”在指导教师的培训工作？

## 一〇七、教师的智力水平达到某一关键水平以后，与教学效果没有显著的相关

分析：

1. 教师的教学要求教师具备一定的智力水平，如何确定这一定的智力水平？

2. 教师的教学要求教师具备一定的智力水平，不同的年级、不同的学科这一定的智力水平是变化的？

3. 教师的智力水平达到某一关键水平以后，为什么与教学效果没有显著的相关？

4. 教师用自己的全人格教书育人，智力仅仅是全人格当中的一个元素，对否？为什么？

5.“高学历—高智商—高水平—高效果”的逻辑思维有商榷的地方吗？为什么值得商榷？

6. 教学效果只看教师的学历，客观吗？

7. 教学效果只看教师的智力水平，客观吗？

8. 培训教师要培养教师的全人格，有道理吗？为什么再三强调教师的全人格？

9. 是不是越聪明的教师其教学效果一定越好？

10. 如果你同意本题观点，教师应当如何自觉地培养自己影响教育质量的其他因素？

11. 高学历—高智商不等于好的教学效果，你同意吗？

12. 教师的教育水平是教师综合素质在教学中的反映，有道理吗？

## 一〇八、教师教学最基本的能力

分析：

1. 教师教学最基本的能力是“表达能力”，特别是口头表达能力，对否？为什么？

2. 教师教学最基本的能力是“教师诊断学生学习困难的能力”，对否？为什么？

3. 教师教学最基本的能力是“教师行为的条理性、逻辑性”，对否？为什么？

4. 教师的表达能力特别是教师的口头表述能力成为教师教学最基本的能力是因为教师教学课课都要表达？

5. 表达优秀特别是口头表达能力优秀的教师容易吸引学生的注意力，激励学生？

6. 表达能力优秀特别是口头表达能力优秀的教师容易将自己的激情转移到学生那里？

7. 教师的表达能力特别是口头表达能力强的教师容易获得好的教学效果，为什么？教师的口头表达能力这么重要，如何培养？

8. 教师诊断学生学习困难的地方越准确，教师在讲课时更容易在困难的地方加强教学，对否？为什么？

9. 教师诊断学生学习困难的地方越准确，教师会想办法为学生学习“平坡”、“架梯子”等，学生学习起来的阻力、困难越小，因此教学效果越好，对否？为什么？

10. 教师行为的条理性特别是逻辑性越强，越容易塑造学生良好的思维结构、知识结构，对否？为什么？

11. 培训教师首先要培训教师的基本能力，其道理在什么地方？

12. 如何培训教师的基本能力？

## 一〇九、用学习理论和教学理论武装起来的教师是教师发展的方向

分析：

1. 理论是什么？理论是人们在实践中概括出来的关于自然界和社会的知识有系统的结论？

2. 理论来源于实践？

3. 理论指导实践？

4. 理论高于实践？

5. 理论具有一般性的品格？

6. 理论要接受实践的检验？

7. 理论是望远镜，使人们办事能高瞻远瞩、远见卓识？

8. 理论是显微镜，使人们办事能见微知著、一叶知秋？

9. 理论是广角镜，能开阔人们的视野，使人们办事能博采众长，延长人们的手臂，增长人们的才干？

10. 感觉到的东西不一定能深刻理解，只有理解的东西才很容易感觉到它？提高人们理解事物的本质？能有效提高教与学的水平？

11. 理论常常可以构成一个人良好的知识结构？

12. 理论常常在把握人们的工作方向？指出人们工作的路径和方法？

13. 用学习理论和教学理论武装起来的教师，常常能施展理论的功能，提高教与学的水平？

14. 教师的发展方向是用学习理论和教学理论（教育理论）武装后，与时俱进、因人制宜地用于教与学的过程之中？提高教育的水平？

15. 正确理论指导的实践，它带给人们的效益是什么？

16. 为什么有些教师有淡化学习理论的倾向？这是教师自我提高的重大损失？

## 一一〇、推动教师研究、学习学习理论，是提高教学质量的有效方法

分析：

1. 世上有包括所有内容的学习理论吗？

2. 世上没有包罗万象的学习理论，教师学习什么？

3. 不同的学习内容可以用不同的学习理论进行解释，可以吗？目前是这种状况吗？

4. 教学理论和学习理论之间是什么关系？理解它们之间的关系对提高教学水平有什么益处？

5. 学习理论是第一性的，教学理论是第二性的，客观事实如何？有一定的道理吗？如何学习学习理论，提高教学效果？

6. 学习理论是第一性的，教学理论是第二性的，教师应当如何对待学习理论？目前的状况如何？

7. 提高教师学习理论的水平，是提高教学质量的有效途径，你同意吗？

8. 我国在培训教师时，很少涉及学习理论的学习，是培训中的损失吗？

9. 我国教师学习理论的水平如何？这种现象是如何造成的？

10. 教师要根据学生的学来研究教师的教，教师要根据学习理论来研

究教学方法，你同意吗？

11. 学习理论常常是产生教学方法的方法，产生教学艺术的艺术，你同意这种观点吗？

12. 教师学习哪些学习理论能较快地提高教师的教学水平？

13. 教师在哪些方面缺乏对学习理论的研究，而且阻碍教师的发展？

14. 培训教师要培训教师的学习理论，这是培训内容永远不可或缺的，你同意吗？

15. 如何给教师提供学习学习理论的机会？这是培训教师不可缺少的课程？

## 一一一、学习是极为复杂的现象

分析：

1. 什么是学习？请你给下一个定义。

2. 学习复杂表现在什么地方？

3. 学习的内容复杂，学习的形式复杂，学习的环境复杂，等等，现在还没有一种理论可以解释各种各样的学习现象，对否？对人们学习有什么启示？人们应当如何对待这种现象？

4. 目前针对研究学习理论的水平，应当怎样学习学习理论？

5. 学习理论对学习教学理论有什么帮助？

6. 学习教学理论为什么首先要学习学习理论？

7. 学习理论和教学理论之间是什么关系？是第一性和第二性的关系？

8. 学习现象越复杂，越应学习学习理论，道理何在？要找到一般学习的规律？研究学习规律，可以提高教与学的效率？

9. 在教育界，对学习理论的重视程度如何？为什么会产生这种现象？

10. 有必要在教育界大力提倡学习学习理论在教育中的重要性吗？

11. 在教育界学习学习理论的水平是有限的，给教育带来什么损失？这损失可以计算吗？

12. “理论高于实践，理论具有一般性的品格”，教师应当如何对待学习理论？学习理论是提高教师教学水平的理论指导？

13. 学习理论随科学的发展在发展，如何学习科技变化中的学习理论？

14. 研究、学习、应用学习理论，可有效提高教师的教学水平，减轻学生过重的课业负担，有这样的效果吗？答案是肯定的，如何落实？

15. 学习理论为教者“提供”教学方法、教学艺术，有这样的功能吗？

16. 学习理论可以提高教育水平，减轻学生学习的负担，本质在于能提高教与学的效率？

## 一一二、学习理论是第一性的，教学理论是第二性的

分析：

1. 如何理解学习理论是第一性的？

2. 如何理解教学理论是第二性的？

3. 教学理论是学习理论在教学中的派生物，你同意这种观点吗？

4. 既然学习理论是第一性的，教学理论是第二性的，应当怎样看学习理论在教学中的重要性？

5. 学习理论常常是“产生教学方法的方法，产生智慧的智慧，产生教学艺术的艺术”，你如何理解？

6. 培训教师只培训其应当怎样教，而很少讲为什么应当这样教，是培训中的损失吗？

7. 学习理论的应用可以减轻学习者的负担，其为什么能减轻学习者的负担？关键是提高教与学的效益？

8. 有必要研究学习理论对提高教学水平的作用吗？提高教学水平的机理是什么？

9. 概括化迁移理论指出知识转化为能力的重要途径，你如何理解？

10. 概括化迁移理论指出教学中由例及类教学的方法，你如何理解？

11. 概括化迁移理论可以使学生在学习时减轻不必要的负担（减少学

生磨盘式练习老路)，它是怎样完成的？

12. 如何利用学习理论，提高教师的教学水平，减轻学生不必要的课业负担？

13. 一种方法的改革能带来多少效益？学习理论如何推动教师教学方法改革？从而提高教与学的效益？

14. 学习理论是第一性的，它第一性的功能表现在何处？

## ——三、提高教师的教学水平要培训教师学习理论，并将学习理论应用于教学之中

分析：

1. 学习是极为复杂的现象，现在还没有一种理论可以解释各种各样的学习现象，如何研究学习理论？如何研究学习？

2. 学习理论是第一性的，教学理论是第二性的，教学理论是学习理论在教学中的派生物，对否？如何理解“派生物”？

3. 针对学与教而言，教师的教要根据学生的学习规律来安排，有道理吗？体现学习的规律是第一性的？

4. 培训教师要培训教学的本和源，对否？本和源是什么？这是向培训要效益的方法？

5. 教师需要根据学生的学来安排教，有道理吗？其道理在何处？为什么这样安排？教师要怎样安排？

6. 一个有意义学习发生的条件有主观因素和客观因素，主观因素指：(1) 学生具有有意义的学习心向；(2) 学生有知识基础。客观因素指所学材料具有逻辑意义，可以和人的头脑中的知识建立非人为的实质性的联系，对否？它是产生方法的方法？产生智慧的智慧？

7. 我国教师学习理论的水平如何？有客观评价吗？造成的原因是什么？

8. 我国培训教师培训他们学习理论吗？为什么很少培训？

9. 学习理论是教学中产生方法的方法，为什么这样讲？其是产生方法的“母机”？

10. 为提高教学水平，有必要普及教师的学习理论吗？

11. 减轻学生过重课业负担，要提高教师学习理论的学习水平，“只有教师加，学生才能减”有道理吗？

## 一一四、要研究有意义学习发生的条件

分析：

1. 何为有意义学习？

2. 何为无意义学习？

3. 有意义学习和无意义学习的本质区别是什么？

4. 有意义学习对学习者有何要求？

5. 有意义学习对学习材料有何要求？

6. 有意义学习要求对学习者的要求、对所学材料的要求全都具备时才能发生，你同意吗？

7. 有意义学习对学习者的要求是：“让他想、他愿意想”“让他想、他有知识能够想”，对否？为什么？

8. 有意义学习对学习材料的要求是具有逻辑意义，即所学材料可以与学习者头脑中有关知识建立“非人为的实质性的联系”，你同意吗？

9. 什么是非人为的联系？不是死记硬背生吞活剥不加理解硬记的联系，对否？举例说明。

10. 什么是实质性的联系？即所学材料可以和学习者头脑中的有关知识能进行互相联系，你同意吗？

11. 一名正常发育4岁小朋友可以背乘法口诀，他可以背出“7×8＝56”，问他7个8相加等于多少，他答不上来，这是知识实质性的联系吗？

12. 实质性联系要求对同一内容的不同表达形式都可以理解，这是实质性联系的最主要的特征？

13. 如何满足有意义学习的条件，对教师的教学提出了什么要求？

14. 有意义学习如何减轻学习学生负担？

## 一一五、在教与学的过程中，尽量减少机械学习的成分

分析：

1. 何为机械学习？

2. 机械学习指学习者对所学材料不加内化生吞活剥死记硬背的学习？

3. 造成机械学习的原因是什么？

4. 造成机械学习的原因由学习材料本身造成？

5. 造成机械学习的原因由学习者的主观因素造成？

6. 造成机械学习的原因由教师的教学水平构成？

7. 在教与学的过程中，如何尽力减少机械学习的成分？

8. 机械学习给学习者带来学习上的问题是什么？

9. 机械学习的内容有迁移的价值吗？

10. 在技能学习的过程中，有机械学习的成分吗？

11. 在技能学习的过程中，为什么强调勤即勤练、思即多思考、理即用理论指导实践？这是尽力减少机械学习的成分的有效方法？

12. 机械学习的内容在增加学习的负担？负担在何处？

## 一一六、推动学生概括水平的学习，是推动知识转化为能力的有效方法

分析：

1. 什么是概括？

2. 概括是找到事物的本质属性并将其用到同类事物之中？

3. 什么是概括水平的学习？

4. 概括水平的学习是将学习到的一类知识总结出这一类知识的共同属性，从而得出规律性的结论，并将这一结论用到同一类事物之中？

5. 如何推动学生在学习同一类事物中进行概括？

6. 概括的知识是推动知识转化为能力的有效方法，体现在何处？

7. 概括水平的学习，其学习的优越性体现在何处？

8. 如何推动学生在学习同一类知识时进行概括，这是教育的水平还是教学的艺术？

9. 概括水平的教学其优越性体现在能有效地促进迁移，对否？为什么？

10. 迁移是学习理论，概括水平的教学是将迁移理论用到教学之中？

11. 推动学生概括水平的学习，是减轻过重的课业负担的一种方法吗？

12. 如何从教学方法上减轻学生过重的课业负担？这是减轻学生过重课业负担的根本？

13. 概括水平教学的最大优势是什么？对教师提出了什么要求？

## 一一七、研究学习的水平的意义

分析：

1. 将学习分为不同的水平有什么意义？

2. 将学习分为不同的水平，对研究学生的学习实际状况有何意义？

3. 将学习分为不同的水平，对研究教师的教学有何意义？

4. 将学习分为不同的水平，对评价教材的水平有何意义？

5. 将学习分为不同的水平，对分析教师的教学水平有何意义？

6. 将学习分为不同的水平，对培训教师有何意义？

7. 将学习分为不同的水平，对分析造成不同水平的学习有什么意义？

8. 学生学习的水平，是学生学习的结果，其反映教与学中的什么信息？

9. 学生学习的水平，反映的是学生学习的态度、能力、责任心？

10. 学生学习的水平，反映的是教师教学的水平？反映教师的素质和能力？反映教师教学的理论水平？

11. 学生学习的水平，反映的是教与学中存在的问题？

12. 研究学生学习的水平，是提高教学质量有效的分析方法？

13. 学生学习的水平，是教与学多种信息的反映体，你同意吗？

14. 学习的水平是产生方法的方法，如何理解？

15. 学习的水平是学习理论，又是学习方法，是教学理论又是教学方法，你如何理解？

## 一一八、学习的水平是产生方法的方法

分析：

1. 什么是学习的水平？如何分析学习水平？

2. 不同的学习水平是从不同的角度、应用不同的学习理论对学习程度的一种分类，对否？

3. 有学者将学习的水平分为记忆水平、理解水平、融会贯通、概括和创新水平的学习，可以吗？这样分类的依据是什么？

4. 什么是方法？什么是产生方法的方法？

5. 上述五级学习水平是学习的方法吗？

6. 上述五级学习水平是教学的方法吗？

7. 上述五级学习水平是评价学习的方法吗？

8. 上述五级学习水平是评价教学的方法吗？

9. 上述五级学习水平是学习理论吗？

10. 上述五级学习水平是教学理论吗？

11. 上述五级学习水平是评价教材的方法吗？

12. 上述五级学习水平是指导书写教材的方法吗？

13. 上述五级学习水平是评价论文的方法吗？

14. 上述五级学习水平是指导书写论文的方法吗？

15. 上述五级学习水平是产生方法的方法吗？

16. 由一种方法产生出几种方法，对这一种方法有什么要求？

17. 由一种方法产生出几种方法，需要什么样的思维方法？

18. 由一种方法产生出几种方法，称之为产生方法的方法，对培养能力、创新能力有什么启示？

19. 在教与学的过程中，什么“知识”可以作为产生方法的方法？

20. 由产生方法的方法带给人们的启示是什么？

21. 提高学习水平，可以减轻学生学习的负担吗？

## 一一九、记忆水平的学习

分析：

1. 何为记忆水平的学习？是不理解知识含义、死记硬背的学习？

2. 记忆水平的学习有时是必要的，有些知识理解后也需要记忆，对否？

3. 人们在学习知识时，由于受到知识水平的限制，不能深刻理解新知识，有时也没有必要理解知识的实质性，这样学习的知识常常处在记忆的水平上？这是客观事实造成的吗？

4. 人们在学习英语单词的词干部分时，它是约定俗成的，没有什么意义，把它记住就算完成了学习的任务，能反对这样记忆水平的学习吗？

5. 初中、高中学生学习酸碱指示剂的变色，受到知识的限制，把结论记下来就算完成了学习任务，能反对这样记忆水平的学习吗？

6. 学生处在记忆水平学习，是学生缺乏自己批判的精神，应当理解而不去理解满足于记忆水平的学习？

7. 学生缺乏必要的基础知识来同化新知识，没有能力理解新知识的意义，使学生停留在记忆水平的学习上？

8. 记忆水平的学习与教师的教学水平有关？教师教学的水平就是记忆水平的教学？

9. 记忆水平的学习与教师组织的练习题和考试题有关？学生练习或考试的题目多数为复现的题，从而促进了记忆水平的学习？

10. 反对记忆水平的学习是学生应当知道并理解“什么，是什么，为什么”，学生不愿为理解“为什么”而付出努力，满足于记忆，从而使学生停留在记忆水平的学习上？

11. 记忆水平的学习有时是必要的，在理解的基础上需要记忆，为后续学习打下良好基础，对否？教师如何提供记忆的窍门？

12. 人们不可盲目地反对记忆水平的学习，对否，为什么？

13. 没有记忆的学习，就不能完成学习的任务，对否，为什么？

## 一二〇、理解水平的学习

分析：

1. 什么是理解？理解是了解、领会，是揭露事物间的联系而认识新事物的过程？

2. 什么是理解水平的学习？理解水平的学习是根据教学大纲的要求，对所学教材达到了了解、领会程度的学习？

3. 理解水平的学习，是理解“什么、是什么、为什么”的学习水平？具体问题具体分析？

4. 理解水平的学习，知识在学生的头脑中是单线联系的，像书中的目录一样，是“一节一节”的，同一类知识不能有效地安排一条主线的一左一右，很难能找到同类知识的联系？

5. 理解水平的学习，与学生不愿为进一步理解下功夫有关系？

6. 有相当多的学生处在理解水平的学习，与学生缺乏对学习方法的具体指导有关系？

7. 处在理解学习水平上的学生，其知识常常是破碎的，不能形成较为合理的知识结构？

8. 相当多的教师的教学水平就是理解水平的教学，缺乏学习理论的指导？从而影响学生学习水平的提高？

9. 提高学习效率，要提高学习的水平，方向是什么？方法是什么？

10. 如何提高理解水平的学习，关键在教师？因为教为主导、学为主体？

11. 理解水平的学习的最大弊端是知识支离散乱，不能形成良好的知识结构？当有知识迁移的机会时，常常不能识别，不能有效促进知识向能力的转化？

## 一二一、融会贯通水平的学习

分析：

1. 什么是融会贯通？

2. 融会贯通是把各方面的知识或道理融会贯穿起来，从而得到系统透彻的理解？

3. 融会贯通学习水平的学生，注重知识之间的联系，有一定合理的知识结构？

4. 融会贯通学习水平的学生，在学习中能把知识点连成线，由线织成网，给学习带来了一定的方便条件？

5. 处在融会贯通学习水平的学生，有一定的学习方法，有一定的知识结构的形成？为提高学习效率打下了一定的基础？

6. 处在融会贯通学习水平的学生，由于有一定知识结构的形成，学习起来较为省力，为什么？其省力省在何处？

7. 处在融会贯通学习水平的学生，一般学习成绩较好，为什么？很少得到老师的进一步指导？

8. 处在融会贯通学习水平的学生，具有一定的学习能力，为什么？

9. 学生的学习能力是如何形成的？与教师的教学水平有什么关系？教师的教学水平影响学生的学习能力？

10. 如何培养学生的学习能力？培养学生的学习能力是教学的重要目

的之一，为什么？

11. 处在融会贯通学习水平的学生，很少能概括出相似问题的一般性规律，是缺少学习理论和学习方法的指导？与教师的教学水平有关？

12. 提高学生融会贯通水平的学习，是教与学中的关键环节，其关键在何处？

13. 提高学生融会贯通水平的学习，能减轻学生过重课业负担？

## 一二二、概括水平的学习

分析：

1. 什么是概括？

2. 按《逻辑学辞典》解释，是在思想中把从某些具有若干相同属性的事物中抽象出来的本质属性，扩大到具有这些相同属性的一切事物，从而形成关于这类事物的普通概念。如何理解这一概念？如何理解抽象到扩大？这是迁移的过程？是提高学习水平的过程？

3. 将概括水平的学习提高到学习水平的第四级，原因何在？

4. 什么是概括化迁移理论？理论的实质是什么？

5. 处在概括化学习水平的学生，与其掌握逻辑方法密切相关？能在知识中进行比较、分类、“合并同类项”、得出某些规律性的结论，对否？为什么？

6. 学生在概括中使用的逻辑方法是教师在教学中潜移默化渗透给学生的吗？与教师的教学水平密切相关？

7. 学生处在概括学习的水平上，常常能完成由例及类的学习？减轻了学习的负担？

8. 学生处在概括学习的水平上，由知识转化为能力的能力较强，为什么？这是教学目的？这是学习目的？这是培养能力的主要方法？

9. 教师如何提高自身教学的水平，推动学生达到概括水平的学习？

10. 为什么强调教师与学生要学习学习理论并应用于教与学的过程之

中？道理在什么地方？学习理论能减轻学生学习的负担？

11. 为什么说学习理论是第一性的，教学理论是第二性的？学习理论如何提高教与学学习的水平，并减少学生学习的负担？

12. 概括水平的学习，其最大优势在何处？

## 一二三、创新水平的学习

分析：

1. 什么是创新？如何定义？

2. 创新是文科的概念，没有举世公认的一致的定义，对否？这是文科概念的特点？没有确切的定义就没有办法研究创新吗？

3. 本书将创新定义为改造或改变已确定的工作，改造或改变固定的方法，改变或改造固有的思路，或是一个新奇的实践。可以吗？

4. 何为创新水平的学习？

5. 创新水平的学习是学习者在学习上的一种新的见解、新的方法。这种见解、方法是学习者自己创造出来，可以吗？

6. 创新水平的学习是学习者责任心、上进心、钻研精神的具体表现？

7. 处在创新水平学习的学生，是其在学习中表现的全人格？

8. 学生创新水平的学习与教师创新水平的教学密切相关？

9. 创新水平学习的最大优势在学习中学生有新的见解，是培养创新精神有效途径？

10. 培养学生的创新精神是重要的教学目的，教师应当怎样教学，才能有效地推进学生到创新水平的学习？

11. 学生学习达到创新水平，是学生多重品格的结晶，是学生全人格的一种表现形式，对否？如何培养学生的这种多重品格？

12. 就学生的学习谈学习，就学生的思维谈思维，欲培养学生创新水平的学习办得到吗？

13. 五级学习水平对教与学带来什么启示？教无止境、学无止境？

14. 研究五级学习水平，对提高教与学的水平带来什么启示？

## 一二四、教学目的是指导一切教学的指挥棒

分析：

1. 教学目的指什么？教学目的是一成不变的吗？

2. 如何确定教学目的？

3. 教学目的为什么是指导一切教学的指挥棒？

4. 教学目的不全，会给教育带来什么损失？

5. 教学目的不全，能培养出完整的人吗？

6. 教学目的不全，能培养出完整的教师吗？

7. 教学目的不全，能培养出完整的管理人员吗？

8. 教学目的是与时俱进的吗？

9. 教学目的体现教学观念吗？

10. 教学目的的改变能改变教育观念吗？

11. 教学目的的改变是对教师要求的一种改变，对吗？

12. 提高教学目的水平是激励教师提高素质的一种方法，对否？

13. 一所学校教学目的的确定，体现了一所学校研究教与学理论水平，对否？

14. 不同的学科有不同的教学目的，对否？

15. 不同的学科对不同的学生有不同的教学目的，对否？

16. 不同的学科有不同的教学目的，不同的课程有不同的教学目的，但总的目的基本不变，对否？为什么？

17. 确定教学目的，是提高教学水平的关键，对否？为什么？

18. 利用教学目的指导教学，可以吗？

19. 教学目的是教师研究教案的关键内容，“教学目的，统帅教案”，可以这样说吗？

20. 利用教学目的提高教育水平，可以这样做吗？

21. 教学目的是对教师的要求，也是对学生的要求，对否？为什么？

22. 教学目的是对学生学习评价的标准也是对教师教学评价的标准，对否？为什么？

23. 教学目的是对教学领导者的要求，这样的提法恰当吗？

24. 教学目的不完整会带来什么损失？可以计算吗？

25. 有人将以下 12 项作为教学目的知识、知识结构；技能、技能结构；能力、能力结构；发展智力因素；培养非智力因素；传授学习方法；教会思维方法；培养情感、态度；培养思想品德；培养团队精神；培养创新精神、实践能力；培养情商，恰当否？其体现教学改革的思想吗？

## 一二五、知识结构是影响学生学习能力的重要变量

分析：

1. 什么是知识结构？

2. 知识结构是学生所学知识在头脑中是怎样互相联系的，对否？

3. 学生头脑中的知识结构是在不断变化之中，对否？为什么？

4. 塑造学生良好的知识结构对教师的教学提出了什么要求？

5. 塑造学生良好的知识结构对学生的学习提出了什么要求？

6. 塑造学生良好的知识结构对作业的改革提出了什么要求？

7. 学生头脑中的知识结构是如何影响学生学习的？如何影响其能力的？其如何减轻学生学习负担的？

8. 学生头脑中的知识结构是如何作为新知识停泊的锚桩的？

9. 教同科同年级教师的知识结构相同吗？不同的教师有不同的知识结构，对否？为什么？

10. 同班学生的同科知识结构相同吗？

11. 促进学生知识结构的形成能成为教学目的吗？

12. 促进学生知识结构的形成是培养学生的思维方法和学习方法吗？

13. 促进学生知识结构的形成，是教学思想的改革吗？它是学习规律

所决定的吗？是培养学生的学习能力所决定的吗？

14. 促进学生知识结构形成的方法是否被多数教师所掌握？实际状况说明了什么问题？

15. 知识结构是影响学生学习的重要变量，是影响能力的重要变量，为什么？

## 一二六、学生非智力因素决定学生智力因素发挥的水平

分析：

1. 什么是非智力因素？

2. 什么是智力因素？

3. 智力因素主要指思维能力、记忆力、观察力、想象力、注意力等，对否？

4. 非智力因素如何影响智力水平的发挥？

5. 智力因素如何激励非智力因素的发展？

6. 在学习中，智力因素相当于操作系统，非智力因素相当于动力系统，对否？为什么？智力因素和非智力因素和谐发展，是教育的目标？

7. 在教学中如何培养学生的非智力因素？实际教学情况如何？

8. 在教学中如何发展学生的智力因素？

9. 非智力因素如何决定智力因素水平的发挥？

10. 如何评价一个人的非智力因素的水平？有评价参考性标准吗？

11. 如何评价一个人的智力因素的水平？

12. 如何思考学生的学习是全人格参与的过程？

13. 培养学生的全人格是提高教育水平的关键，可以成立吗？

14. 从人格需要人格教育的观点看，培养学生的全人格对教师的人格特征提出了什么要求？

15. 一个人的人格特征与一个人的非智力因素之间有什么关系？

16. 培养学生非智力因素可以看成是教学目的之一吗？

17. 培养学生的非智力因素是学生成长的规律吗？

18. 非智力因素的水平决定智力因素的发挥，是教育规律吗？

19. 如何遵循教育中的规律？到什么地方去探寻并把握教育规律？

20. 教育规律永远是无声的命令，教育中如何体现？

## 一二七、教会学生学习方法是教学目的的重要内容

分析：

1. 什么是学习方法？

2. 不同的学科有不同的学习方法，对否？为什么？

3. 不同的学习水平体现不同的学习方法，对否？

4. 教会学生学习方法，是授之以渔的重要内容？对否？为什么？

5. 教会学生学习方法，对教师的素质有什么要求？

6. 教会学生学习方法，是评价课堂教学的观察点吗？

7. 教会学生学习方法，可以教师教也可以学生教，对否？为什么？

8. 可以利用作业教给学生学习方法吗？

9. 可以利用提问教给学生学习方法吗？

10. 可以利用讨论教给学生学习方法吗？

11. 教师可以根据不同的教学情境教给学生学习方法，对否？

12. 教会学生学习方法是教师的职责，对否？为什么？

13. 教会学生学习方法是培养学生学习能力的重要方法，对否？为什么？“教是为了不教”，是什么意思？

14. 教师不能强行推广一种学习方法，对否？为什么？有这样的现象存在吗？

15. 万能的学习方法如同万能的教学方法一样，是不存在的，对否？为什么？

16. 学习方法是学生学习的工具，工具好用，学习效率必然高，这是强调学习方法重要性的实质？

## 一二八、教会学生思维方法是教育目的的重要内容

分析：

1. 什么是思维方法？

2. 教会学生思维方法，是授之以渔的重要内容，对否？

3. 教会学生思维方法，对教师的素质有什么要求？

4. 教会学生思维方法，是课堂教学的观察点吗？

5. 教师可以利用作业教给学生思维方法吗？

6. 教师可以利用提问教给学生思维方法吗？

7. 教师可以利用教学中的思路教给学生思维方法吗？教学中的思路对学生的思维方法有什么影响？思路是思维的具体表现形式？

8. 教师可以利用总结教给学习的思维方法吗？

9. 学生的思维方法与其思维的品质有什么关系？

10. 学生的思维方法与其学习方法有什么关系？

11. 培养学生的思维方法与培养学生的思维能力有什么关系？

12. 教授学生学会思维方法是比教授知识更重要的内容，可以这样思考吗？

13. 如何评价学生的思维能力？学生的思维能力与学生思维方法的结构有什么关系？

14. 在教与学的过程中，是否注意培养学生的思维方法的结构？

15. 培养学生思维方法的结构，教师有良好的思维方法的结构吗？

16. 思维方法的结构指什么？它是知识结构中的一部分内容？是培养学生能力的重要途径？

## 一二九、培养学生的思想品德是学生成才的规律

分析：

1. 学生成才是有规律的，不同发展阶段的学生应当遵循不同的规律，对否？

2. 贯穿学生成长有一条永远不变的规律，这条规律是做人的规律吗？是培养思想品德的规律吗？是育人的规律吗？

3. 在学生成长的过程中，如何始终贯彻育人的规律？

4. 培养学生的思想品德是学生参加社会工作的需要，对否？为什么？

5. 培养学生的思想品德是学生成才的需要，对否？为什么？

6. 培养学生的思想品德是学生可持续发展的需要，对否？为什么？

7. 培养学生的思想品德是学生做一切事物的需要，对否？为什么？是培养学生全人格的需要？

8. 在教与学的过程中，培养学生的思想品德必须贯穿始终，对否？为什么？

9. 如何理解要培养学生的德智体美劳全面发展？这是育人的规律吗？

10. 如何理解“先做人，后做事”？做人的根本是什么？

11. 如何理解“人好活好”是工作岗位对工作人员的最“简约”要求的表述？其中含有什么道理？其对教育提出了什么要求？

12. 存在决定意识。社会上存在什么决定学生什么意识？如何克服不良意识对学生的影响？

13. 如何理解教师改变不了社会，但是可以改变自己？

14. 如何理解“育人教书”是对教师职责的最简约的表述？

15. 如何理解“人格需要人格的教育”？需要教师什么样的人格特征来培养学生的人格特征？

16. 如何理解培养学生的思想品德是学生成才的规律？如何理解这一规律？如何遵循这一规律？

17. 学校的教育有违背育人规律的现象吗？对培养学生的思想品德有什么影响？

18. 学生的思想品德是学生可持续发展的基础，为什么？

## 一三〇、培养学生的情商应当是重要的教学目的

分析：

1. 什么是情商？

2. 情商能成为重要教学目的吗？

3. 情商在学生学习的过程中，对其成长有什么影响？

4. 情商在学生今后的工作中会起到什么作用？

5. 有人说：一个人成功智商占20%，情商占80%，可以大致这样判断吗？说明了什么？

6. 情商的表现形式是什么？

7. 情商高的人表现形式是什么？

8. 教师在教学的过程中不需要情商吗？体现在何处？

9. 教师在与学生交往的过程中如何影响学生的情商？

10. 教育界意识到在教育的过程中应当培养学生的情商吗？教学生学会做事是培养情商的一种表现形式？

11. 在教育的过程中，培养学生的情商是教育思想的一种改革吗？

12. 有必要在教育界掀起一场关于培养学生情商的讨论吗？在讨论的过程中，对教师素质的提高是不是能起到推动的作用？

13. 如何利用校园文化培养学生的情商？

14. 如何利用社会实践培养学生的情商？

15. 如何利用学生与学生、教师与学生之间的交往培养学生的情商？

16. 有培养学生情商的教材吗？

17. 有必要编写培养学生情商的教材吗？

18. 培养学生的情商，应当渗透到教育的各个环节，对否？为什么？

19. 如何理解一个人的情商可能比智商更重要？重要在何处？

## 一三一、培养学生的团队精神，是重要的教学目的

分析：

1. 什么是团队精神？强调团队精神有何意义？

2. 倡导团队精神对团队中的成员有何意义？

3. 培养学生的团队精神，是学生成长、走向社会工作应当具备的重要品德，如何理解？

4. 任何一个人都生活在一个团队之中？

5. 任何一个人都工作在一个团队之中？

6. 任何一个人都工作在一个团队之中，在任何时候，他总会遇到他的上级、下级、“左邻右舍”，处不好关系他能工作好吗？

7. 任何一个人的工作总处在一个团队之中，其为团队服务，又得到团队的支持，对否？为什么？这一命题是思考团队精神的关键？

8. 团队精神是对每个人品德的考验？又培养人的品德？

9. 团队精神是对每个人情商的考验？团队精神又培养人的情商？

10. 团队精神形成团队文化，这精神、文化是团队的凝聚力、战斗力？

11. 如何形成团队精神？它对一个人的成功将起到什么作用？

12. 如何保持、继承、弘扬良好的、激励人奋进的团队精神？

## 一三二、培养学生的创新能力要培养影响创新能力的体系

分析：

1. 培养学生的创新能力是涉及国家与个人可持续发展的关键问题，对否？

2. 培养学生的创新能力是教育的重要目的，可以这样思考吗？

3. 培养学生的创新能力就是向教育要质量的一个重要指标，可以这样思考吗？

4. 培养学生的创新能力是一切教育改革的重要着力点，可以这样思考吗？

5. 培养学生的创新能力有内因和外因，针对学生的内因是什么？针对培养环境的外因是什么？

6. 针对学生而言，培养其创新能力仅仅是传授知识、培养技能、培养能力、培养思维方法吗？

7. 学生成才有动力系统和操作系统，动力系统是什么？操作系统是什么？动力系统和操作系统如何培养一个人的创新精神？

8. 如何培养学生的“操作系统”？如何培养学生的“动力系统”？

9. 培养学生的创新能力，要在培养动力系统和操作系统上同时下功夫，对否？

10. 操作系统相当于学生的硬实力，动力系统相当于学生的软实力，可以这样思考吗？

11. 培养学生的创新能力，要发展学生的智力因素，培养学生的非智力因素，对否？创新能力是一个人综合能力的表现？

12. 如何使学生的智力因素和非智力因素得以充分发挥？学生成长的环境起到了什么作用？看不到非智力因素培养的教育是教育中的重大损失？

13. 民主的氛围是培养学生创新能力的环境吗？

14. 允许并鼓励不同意见的发表是培养学生创新能力的环境吗？

15. 允许试验的失败是培养学生创新能力的环境吗？

16. 培养学生的发展思维是培养学生的环境吗？

17. 培养学生的创新能力，涉及什么样的培养系统？如何优化这个系统？

18. 培养学生的自信心、自强心、不屈不挠的精神，是培养学生的创新能力的基础吗？

19. 要研究培养学生创新能力的各个要素及相互之间的关系，是思考培养学生创新能力的方法，同意这样的观点吗？

20. 培养学生的创新能力，要求教育环境有“创新的氛围”，同意这样的观点吗？如何形成创新氛围？

21. 学生的创新能力是学生全人格参与的过程，培养学生的创新能力要培养学生的全人格，可以这样思考吗？有这样的环境吗？

22. 社会风气影响学生创新能力的培养吗？存在决定意识，社会存在什么决定了学生什么意识从而影响学生创新能力的培养？

23. 有必要研究培养学生创新能力的理论吗？研究的成果如何？

24. 培养学生是一个体系，如何优化这个体系使之具有创新的氛围？

25. 培养学生的创新能力，是教育的重要指标，学生创新能力的培养有哪些不利因素？

## 一三三、教育中的民主氛围是影响教育质量的重要变量

分析：

1. 什么是民主氛围？

2. 什么是教育中的民主氛围？

3. 教育中谁来营造民主氛围？

4. 教育中的民主氛围对学生有什么影响？

5. 教育中的民主氛围对学生影响的本质是什么？

6. 在民主氛围中学生学习心情舒畅？

7. 学生心情舒畅，有利于减轻学习压力？

8. 学生心情舒畅，有利于激发学习动力？

9. 学生心情舒畅，有利于学习能力的施展？

10. 学生心情舒畅，有利于形成良好的师生关系？

11. 学生心情舒畅，有利于形成良好的班风？良好的班风有育人的力量？

12. 民主的氛围有利于师生之间的感情沟通？感情的沟通会产生教育的力量？

13. 民主的氛围，可以减轻对学生的精神压力，有利于学生的身心健康？

14. 营造教与学中的民主氛围，是提高教育质量的一个变量？如何营造民主氛围？

15. 一些学校并不提倡营造教育中的民主氛围，给教育带来的损失有多少？可计算吗？

16. 教师是在用全人格育人教书，全人格如何体现在创建民主氛围之中？

17. 在教与学的过程中，如何倡导教师用全人格创建民主的育人教书的氛围？

18. 教与学中的民主氛围是影响教育质量的重要变量，其本质是什么？

19. 如何减轻学生过重的课业负担，减轻学生学习的压力？民主氛围能减轻学生精神上的压力？

20. 教与学中的民主氛围，是教育的力量？

## 一三四、良好的师生关系是教育产生效果的关键

分析：

1. 师生之间是什么关系？

2. 良好的师生关系是怎么样的关系？

3. 良好的师生关系是一种教育能吗？

4. 教师的威信是教育能，良好的师生关系是教育能，对提高教育质量带来什么启示？

5. 教师的威信是教育能，良好的师生关系是教育能，对教师的素质提出了什么要求？

6. 教师仅仅靠知识教书吗？

7. 教师仅仅靠能力教书吗？

8. 教师仅仅靠智力教书吗？

9. 教师仅仅靠非智力因素教书吗？

10. 教师是靠全人格来教书，教师全人格是怎样育人的？

11. 教育中的民主氛围是一种教育能，同意这样的观点吗？

12. 教育是一个复杂的过程，其复杂体现在何处？

13. 影响教育质量的因素是多元的、复杂的、其多元表现在何处？其复杂又表现在何处？

14. 从哪些方面评价一位教师的教育是成功的？这样讲在指导教师如何提高自己？

15. 良好的师生关系是教育能，良好的师生关系如何提高教育的效果？良好的师生关系是学生接受教师的第一印象？

16. 提高教育质量有“生产力和生产关系”，如何理解？什么是教育中的“生产力”？什么是教育中的“生产关系”？“生产关系”决定“生产力”的水平？

17. 良好的师生关系是教育产生效果的关键，给提高教育质量带来什么启示？为培训教师带来什么启示？

18. 教育处处无小事，小事体现在何处？教育中的小事全是大事？

19. “不积跬步无以至千里”，这里的跬步比喻的是什么？教育中的小事就是“跬步”？“千里之行，始于足下”，对教育有什么启示？

## 一三五、师生之间沟通的质量是影响教育质量的重要变量

分析：

1. 师生之间沟通的表现形式是什么？

2. 师生之间沟通对学生有什么影响？

3. 师生之间沟通对教师有什么影响？

4. 师生之间沟通能建立良好的师生关系，良好的师生关系能建立起教

师的威信，教师的威信是一种良好的教育能，对否？为什么？

5. 师生之间沟通能建立起教与学中的民主氛围，良好的民主氛围激励学生，这是影响教育质量的一个重要因素，对否？为什么？

6. 学习是一个极为复杂的现象，因此教育也是一个极为复杂的现象，其复杂在何处？教育在不同的环境下培养千变万化的人？

7. 教师靠硬实力育人教书，教师也靠软实力育人教书，硬实力表现在何处？软实力又表现在何处？

8. 教师的硬实力表现在何处？如何培养？研究其意义是什么？

9. 教师的软实力表现在何处？如何培养？研究其意义是什么？

10. 教师的硬实力和软实力之间是什么关系？软实力决定硬实力的发挥？

11. 欲提高教师育人教书的能力，仅提高教师的硬实力能行吗？

12. 欲提高教师育人教书的能力，仅提高教师的软实力能行吗？

13. 教师与学生的沟通能力是教师的教育能，可以吗？沟通怎么成了教育能？它是教师的软实力吗？

14. 学校处处无小事体现在何处？在教师身上如何体现？

15. 如何评价名师？如何评价成功的教师？名师名在何处？成功的教师成功在何处？他们是在小事上的成功？

16. 如何制定评价各级各类各种各样教师的标准？有必要从小处着眼？

17. 如何评价教师的教育能？可以评价吗？有评价的标准吗？

18. 学校中的小事是教育能吗？如何分析小事？如何评价小事？如何利用小事？

19. 教育中的小事是教育能吗？小事常常含有大道理？小事常常对学生有潜移默化的影响？

20. 教师处理小事的方法是教育能吗？

21. 如何评价教育中的小事？沟通能力是小事吗？

22. 注意教育中的小事难道不注意学生大方向的培养吗？

23. 若干个同一方向上的“小方向”决定教育中的“大方向”，决定成才中的大方向，可以这样思考吗？小方向可以看成是小事吗？

24.“小方向”落实大方向，大方向体现在“小方向”上，可以这样思考吗？教育中的大方向指什么？小方向指什么？

25. 教师的沟通能力是小事，事小作用大，是分析问题的方法吗？

26. 师生沟通的过程，是互相了解的过程，是互相影响的过程，是促进提高的过程，是提高教育质量的重要方法？

## 一三六、“四点”备课法有利于促进教师知识结构的形成

分析：

1.“四点”备课法指什么？“四点”备课法是一种教学思想？

2.“四点”备课法指强化教学中的基本点，突出重点、突破难点、加强关键点，备课首先备这四点，可以吗？

3. 教师拿到一本授课的教科书，如何备课，从哪儿下手，从哪儿下嘴，怎么备课的效果最好，是值得研究的问题吗？这是教学成功的第一步？

4. 强化基本点指把一本书中最基本的知识挑出来，尽收眼底，以求心中有数，这样可以吗？

5. 突出重点指把一本书中的重点知识挑出来，尽收眼底，以求心中有数，这样可以吗？

6. 突出重点要找到一一突出的办法，可以吗？

7. 突破难点指把一本书中的难点知识一一标出，尽收眼底，以求心中有数，这样可以吗？

8. 突破难点要找到一一突破的办法，可以吗？

9. 加强关键点指把一本书中最关键的知识一一标出，尽收眼底，以求心中有数，这样可以吗？

10. 加强关键点指找到一一加强的办法，可以吗？

11. 四点备课法有利于促进教师知识结构的形成？

12. 四点备课法有利于教师优化分配教学的精力?

13. 四点备课法有利于教师将知识融会贯通，教起书来自如、省力，有劲用在“刀刃上”会起到这样的效果吗?

14. 四点备课法是培训教师特别是年轻教师的一种方法，对否?

15. 四点备课法有利于提高教师的教学水平，可以收到这样的教学效果吗?

16. 四点备课法有利于教师胸有成竹“居高临下”教学，会有这样的效果吗?

17. 四点备课法的关键是在知识结构理论指导下的教学，对否?

18.“四点”是教师确定的“四点”，根据教学的实践，可以适当调整，不断丰富教师的教学经验，可以这样思考吗?

19. 教师拿到一本教材，如何分析、怎么备课，“四点备课法”提出可供研究的方法?

20. 四点备课法是提高教师教学水平的有效方法，如何评价?

## 一三七、减轻学生学习压力的种种方法

分析:

1. 学生学习的精神压力来自何方?

2. 学生学习的精神压力由主观因素和客观因素造成?

3. 主观因素是变化的内因，客观因素通过内因起作用?

4. 内因是变化的根据，外因是变化的条件，减轻学生学习压力要从内因和外因上分析? 二者互相影响?

5. 教师对学生有“热情和同情心”，能减轻学习的压力吗?

6. 教师善于激发鼓励学生，能减轻学生精神的压力吗?

7. 教师教学出色，吸引学习的兴趣，培养学生学习兴趣能减轻学习的压力吗?

8. 教师教会学生学习方法，能减轻学习压力吗?“教是为了不教”，学

习方法起什么作用?

9. 教师教会学生思维方法，能减轻学习压力吗?

10. 教师在学生学习困难的时候，能为其学习难度“平坡”，能减轻学习压力吗?

11. 教师能有效促进学生知识结构的形成，能减轻学习压力吗?

12. 教师有效促进学生由例及类的学习，能减轻学习的压力吗?

13. 教师能营造良好的教与学的民主氛围，能减轻学生的精神压力吗?

14. 教师讲究教学艺术并能用好教学艺术，使学生乐于听讲，乐于学习，能减轻学生学习的压力吗?

15. 教师与学生之间有良好的关系，能减轻学习的压力吗?

16. 教师乐观、有抱负、有理想，这种品德能迁移到学生那里，能减轻学生学习的压力，对否? 为什么?

17. 减轻学生的精神压力是减轻学生过重课业负担的前提，可以这样思考吗?

18. 减轻学生的精神压力，是一个体系，如何分析这个体系?

19. 减轻学生的精神压力，对教师的素质提出了什么要求? 教师如何诲人不倦?

20. 减轻学生的精神压力，如何做好学生家长的工作? 使学生有快乐生活的家庭?

21. 社会创造人人可以成才之路，可以减轻学生精神上的压力?

22. 不良的社会风气是怎样带给学生精神上的压力?

23. 影响学生学习压力过大，是一个体系作用的结果，如何分析?

## 一三八、成绩最大者和成绩最小者，在智力上没有显著的差异

分析:

1. 有科学家对800名男性青年进行过30多年的追踪调查发现，成绩

最大者和成绩最小者之间在智力上没有显著的差异，你如何看待这个结果？

2. 成功与不成功者之间，最大的差异是在自信心、进取心、坚持性、不屈不挠、不自卑、克服困难的勇气和决心上有显著的差异，对教学带来什么启示？如何评价相对落后学生？

3. 对学习成绩相对落后的学生，欲使其大幅度提高学习成绩，应采取的措施是什么？

4. 对学习成绩相对落后的学生，如何培养其非智力因素？非智力因素决定智力因素水平的发挥？

5. 任何一个人的工作都是全人格参与的过程，帮助学习成绩相对落后的学生，从全人格的角度考虑如何提高其学习成绩有道理吗？

6. 因材施教是教学原则，对成绩相对落后的学生从哪些角度考虑因材施教？有什么理论在指导因材施教？

7. 学习成绩相对落后的学生若能有效地培养其非智力因素，效果会怎样？做过类似的试验吗？这是改变相对落后学生一种有效方法？

8. “有落后的教育方法，没有落后的学生”这话有一定的道理吗？如何理解？怎么理解？对教育带来什么启示？

9. 教育科研从何处做起？科研什么？

10. 教育改革从何处做起？改革什么？

11. 对学习成绩相对差的学生，进行过“会诊”吗？能开出恰当的“药方”吗？如何挽救相对落后的学生？

12. 本条目 1 中试验对教与学带来什么启示？

13. 因材施教要弄清楚“材”的实际情况，要弄清施教的具体方法，如何做到因材施教是对学生做全面分析的结果后实施的办法？

14. 因材施教是“病看得准、药下得准、作用的时间准”，在教与学中，如何下这样的功夫？功夫下到了吗？因材施教体现“没有落后的学生，只有落后的教育方法”？

## 一三九、教学艺术是教师多种信息的反映

分析：

1. 教师的教学艺术反映教师对教育规律认识的水平？

2. 教师的教学艺术反映教师基本素质？

3. 教师的教学艺术反映教师掌握教学理论的水平？

4. 教师的教学艺术反映教师的责任心？

5. 教师的教学艺术反映教师教育的能力？

6. 教师的教学艺术反映教师的情商、智力和非智力因素？

7. 教师的教学艺术是教师在特定的环境下精心安排、精心设计的教学技巧？

8. 教师的教学艺术是教师的创造性在教学中的表现？

9. 教师的教学艺术是教师教学经验的总结？

10. 教师的教学艺术是对教学经验的总结后的艺术加工？

11. 教师的教学艺术是教师在多种教与学理论指导下，应用于具体实践的结晶？

12. 教师的教学艺术是教师对学生理解透彻的一种反映？

13. 教师的教学艺术是教师对教学各个环节、阶段理解透彻的一种反映？

14. 教师的教学艺术是看得见、摸得着的，是可以评价的，是可以学习的，为什么是不可模仿的？

15. 教师的教学艺术只能在个人综合素质的基础上，根据教学情境，创造性地组合、凝聚、优化个人素质，创造性地发挥个人能力？

# 一四〇、教学艺术是提高教学质量的增效剂

分析：

1. 教学艺术是在教育科学的指导下，结合客观实际，为达到最佳的教学效果所使用的方式、方法，对否？为什么？

2. 每位教师的教学艺术是不一样的，每种教学艺术的应用，都是教师创造性劳动的结果，对否？为什么？

3. 不同的教师对教学的艺术的理解是不一样的，他们总是根据自己掌握的理论和实践来研究教学的艺术，对否？为什么？

4. 教学艺术受教学规律的指导，对否？

5. 教学艺术受学习理论、教学理论的指导，对否？

6. 教学艺术受心理科学的指导，对否？

7. 教学艺术受脑科学的指导，对否？

8. 教学艺术随教学情境的改变而改变，对否？

9. 教学艺术是如何提高教学质量的？

10. 教学艺术可以引起学生的注意力？

11. 教学艺术可以降低学习的难度？

12. 教学艺术可以激发学习的兴趣？

13. 教学艺术可以引起学生恰当的思路？

14. 教学艺术的基本特征是什么？其“特”在何处？其“特效”在何处？

15. 教学艺术提高教学质量的本质是什么？它降低学习的难度吗？它扩大知识的范围吗？

16. 研究教学艺术的实际意义是什么？

17. 研究教学艺术为教学理论提供实践吗？

18. 研究教学艺术为心理学试验提供实例吗？

19. 研究教学艺术为教师服务，为提高教学质量服务，对否？为什么？

# 一四一、教学艺术是不可模仿的艺术

分析：

1. 什么是艺术？

2. 什么是教学艺术？它有公认的定义吗？

3. 跳舞是艺术，可模仿吗？

4. 教学中的艺术指什么？有公认的教学艺术吗？

5. 艺术被视为获取最佳效果而采取的工作方式、方法，它的特点是因事制宜，因地制宜，因人制宜，对否？它追求最佳效果，对否？

6. 艺术的表现需要基本素质全面，对否？

7. 教学艺术需要教师的基本素质的支持，对否？为什么？

8. 教师基本素质是一样的吗？最重要的基本素质是什么？如何培养？

9. 没有两位教师的基本素质是一样的，对否？为什么？

10. 教师的教学活动是教师全人格参与的过程，教师全人格的特征是不一样的，对否？

11. 教师在教学的过程中，富于热情和同情心，是教学的艺术吗？

12. 什么是教育？在教中育人？

13. 教育和教学的区别在什么地方？它们有相同的内涵和外延吗？为什么一再强调此问题？

14. 通过研究教学艺术，对研究教育方法有什么启示？

15. 强调教学艺术能推动教师的发展吗？讲究教学艺术是教师发展的高级阶段？

16. 强调教学艺术能提高教师的素质和教学能力吗？

17. 教学艺术与“教学有法，但无定法”有什么关系？

18. 教师善于把“复杂问题简明化，深奥问题通俗化，抽象问题形象化，零散问题系统化，一般问题概括化”，是教学的艺术吗？

19. 教学艺术是一种综合艺术，包括组织艺术、讲解艺术、板书艺术、表演艺术、观察艺术、启发艺术、答疑艺术、批评艺术、鼓励艺术、控制艺术、协调艺术、使用电化教具的艺术，等等，对否？

20. 教学艺术是每个教学环节都存在的艺术，对否？上述观点若成立，如何提高教学艺术？

21. 如何研究教学艺术？用什么方法研究最恰当？

22. 如何研究课堂教学艺术？如何宣传教学艺术？如何培养教学艺术？

23. 教学艺术和教学方法是什么关系？

24. 教学艺术为何不可模仿？

25. 研究教学艺术为研究教师的素质提供了什么启示？

## 一四二、“少教多得”就是教学艺术

分析：

1. 少教是什么意思？

2. 少教教什么？不教什么？确定“少教”的依据是什么？

3. 少教是对教师素质的要求？

4. 少教是随机应变的？

5. 少教什么教学最有效？

6. 少教的艺术体现在什么地方？

7. 多得是什么意思？

8. 多得得什么？学生学习得什么最有效？

9. 多得是对教师素质的要求？

10. 多得是使学生可以举一反三，触类旁通？

11. 多得是使学生可以闻一知十，一通百通？

12. 少教多得的本质是什么？这是对教师而言？如何推动学生“少学多得”？

13. 少教多得与精讲精练是什么关系？

14. 教师具备什么能力使学生可以“少学多得”？

15. 学生具备什么能力可以“少学多得”？

16. 少教多得是对教学的一种要求吗？

17. 少教多得的思想可以引入教学改革吗？

18. 教师如何利用习题使学生“少学多得”？

19. 教师使用何种教学方法可以使学生“少学多得”？

20. “少学多得”可以作为学习艺术？

21. “少学多得”是减轻学生负担的根本方法，如何实现？

## 一四三、传授知识要促进知识的系统化和概括化

分析：

1. 学校的功能之一是传授知识，对否？

2. 研究学生学到“什么样”的知识最有效，是提高教学质量的有效方法，对否？这是思考问题的方法吗？

3. 什么是知识的系统化？

4. 如何促进知识的系统化？

5. 系统化的知识对学生的学习起到什么作用？

6. 系统化的知识对学生能力的形成起到什么作用？

7. 系统化的知识对促进知识的概括起到什么作用？

8. 什么是知识的概括化？

9. 如何促进知识的概括化？

10. 概括化的知识对学生的学习起到什么作用？

11. 概括化的知识对学生能力的形成起到什么作用？

12. 系统化的知识与学生的知识结构有什么关系？

13. 可以用知识结构的理论解释知识系统化的作用吗？

14. 可以用迁移理论解释知识概括化的作用吗？

15. 学生所学知识的系统化、概括化在与学俱进地变化，对否？

16. 促进知识的系统化、概括化到何种程度对学习的促进作用最大？

17. 研究促进所学知识的系统化、概括化，是教学理论、教学经验，还是理论指导下的实践？

18. 如何理解用理论武装起来的会思考的教师是有后劲的教师？

19. 用理论武装起来的教师能做到眼怎么看、头怎么想、手怎么干、法怎么用，对否？为什么？

20. 促进知识的概括化、系统化，有利于减轻学生过重课业负担？

## 一四四、新知识总是停泊在旧知识的锚桩上

分析：

1. 新知识指新学习的知识吗？

2. 旧知识指已掌握的知识吗？

3. “新知识总是停泊在旧知识的锚桩上”说明了什么道理？带给人们的启示是什么？是“温故而知新”的新解？

4. 旧知识怎么能当成锚桩？

5. 新知识怎么停在锚桩上？

6. “新知识总是停泊在旧知识的锚桩上”是教学方法吗？

7. “新知识总是停泊在旧知识的锚桩上”是学习方法吗？

8. “新知识总是停泊在旧知识的锚桩上”是教学艺术？是学习艺术？与“温故而新知”意义相同吗？

9. “新知识总是停泊在旧知识的锚桩上”是编写教科书的方法？是分析教科书的方法？

10. “新知识总是停泊在旧知识的锚桩上”对教师的教学提出了什么要求？到什么地方去找旧知识？如何使用旧知识能当锚桩？

11. “新知识总是停泊在旧知识的锚桩上”对教学艺术提供了什么启示？

12. “新知识总是停泊在旧知识的锚桩上”为复习课提供了什么启示？

13. “新知识总是停泊在旧知识的锚桩上”是教学理论？学习理论？

14. “新知识总是停泊在旧知识的锚桩上”带给教学研究的启示是什么?

## 一四五、习题设计是容易被人忘记的教学艺术

分析:

1. 什么是习题?如何定义习题?

2. 习题的种类有多少?习题的功能主要有哪些?

3. 习题的功能说明了什么?如何利用、开发习题的功能?

4. 如何改革习题?

5. 改革习题的理论基础是什么?

6. 改革习题能提高学习的水平吗?

7. 改革习题能提高教育的水平吗?

8. 改革习题能培养学生的创新思维和创新能力吗?

9. 改革习题对教师的能力提出了什么要求?

10. 以“熊的习性”为作业,请学生根据自己掌握的知识和材料写一篇不多于2000字的小论文,它对学生的素质提出了什么要求?它对教学条件提出了什么要求?它对教师的能力和责任心提出了什么要求?它对教学管理提出了什么要求?它对教育政策提出了什么要求?这一小论文能“检验”出什么?是培养能力的有效方法?

11. 以问题10为例,一项改革带动了多少改革?是思考问题的一种方法吗?

12. 习题设计的紧密性指什么?

13. 习题设计的典型性指什么?

14. 习题设计的相称性指什么?

15. 习题设计提倡时机设计,可以吗?

16. 习题设计提倡难度设计,可以吗?

17. 习题设计提倡功能设计,可以吗?

18. 习题设计提倡题量设计，可以吗？

19. 习题设计提倡方式设计，可以吗？

20. 习题设计是教学艺术，研究得如何？老师掌握得如何？要求得如何？

21. 习题设计是培养学生创新能力的重要途径，教学中利用得怎样？

22. 习题设计是教师综合能力的体现，对否？为什么？它对教师提出了什么要求？

23. 习题设计是减少学生无效学习的有效方法，教学中应用得如何？为什么做不到？

## 一四六、复杂问题简明化是教学艺术

分析：

1. 在教学中什么样的问题是复杂问题？

2. 复杂问题表现在何处？

3. 复杂问题给学生学习带来的困难是什么？

4. 复杂问题学习有什么特点？

5. 复杂问题是相对的？是变化的？

6. 对复杂问题最优化的学习方法是什么？要因人而异？

7. 复杂问题对学生的知识结构有什么要求？

8. 复杂问题的教学艺术是什么？教学艺术应因人而异？因问题而异？

9. 处理复杂问题对教师的素质有什么要求？

10. 处理复杂问题可以针锋相对打歼灭战？

11. 处理复杂问题可以分散问题，各个击破？

12. 处理复杂问题可以采取“扫外围法”，“扫外围”是首先解决相关知识的难点？

13. 处理复杂问题可以采用“剥洋葱法”？

14. 简明化为何意？

15. 如何用简明的词句、事例把深刻的道理解释清楚？

16. 能把复杂问题简明化的根本是教师对复杂问题有深刻且全面的理解？并能用通俗的语言表达清楚？

17. 能将复杂问题简明化作为教学方法？

18. 能将复杂问题简明化作为教学艺术？

19. 能将复杂问题简明化作为评价教师素质的一个指标？

## 一四七、深奥问题通俗化是教学艺术

分析：

1. 什么是深奥？深奥是高深而不易理解？

2. 教学中的深奥问题指什么？

3. 深奥问题是相对的？与人俱变？与环境俱变？与教师的讲课水平俱变？

4. 学生学习深奥问题的障碍在什么地方？

5. 学生学习深奥问题对其素质提出了什么要求？对学生素质的提高起到什么作用？

6. 深奥问题的教学艺术是什么？如何使之由深变浅？由难变易？由抽象变具体？

7. 教学深奥问题如何充分利用学生的知识背景？这是智慧启迪智慧的一种方法？

8. 教学深奥问题对教师的素质提出了什么要求？

9. 什么是通俗化？适合一般人的水平？通俗是浅显易懂？

10. 使深奥问题变通俗的方法是什么？能利用学生易懂的语言把深刻的道理解释清楚？

11. 通俗和庸俗是什么关系？通俗不是庸俗？区别在什么地方？

12. “打比方”对理解深奥问题有效吗？

13. 能将深奥问题简单化作为教学方法？

14. 能将深奥问题简单化作为教学艺术？

15. 能将深奥问题简单化作为评价教师素质的一个指标？

## 一四八、抽象问题形象化是教学艺术

分析：

1. 在教学中什么问题是抽象问题？

2. 在教学中抽象问题是相对的？

3. 抽象问题的学习会给学生学习带来什么困难？

4. 抽象问题的学习有什么特点？

5. 学生对抽象问题的一般处理方法是什么？

6. 对抽象问题相对最优化的学习方法是什么？

7. 抽象问题的教学对教师素质有什么要求？

8. 抽象问题的教学艺术是什么？关键是如何转化为形象？

9. 教师如何处理好抽象问题？主要是“打比方”？利用学生的知识背景？

10. 抽象问题的学习对学生提出了什么要求？

11. 何为形象化？

12. 形象化教学有什么特点？

13. 形象化教学对教师的素质有什么要求？

14. 抽象问题如何形象化？形象化之艺术何在？

15. 抽象问题形象化有利于提高教学质量的关键是学生易于学习？

16. 有的教学需要将抽象问题说得具体，有的教学需要将具体问题说得抽象，各培养学生不同的能力，对否？为什么？

17. 如何推动学生将抽象问题讲得具体？

18. 如何推动学生将具体问题讲得抽象？

19. 由抽象到具体，由具体到抽象，是教学艺术？是学习艺术？是培养学生抽象概括的重要的原材料？

# 一四九、零散问题系统化是教学艺术

分析：

1. 在教学中什么样的问题是零散问题？

2. 零散问题的学习会给学生学习带来什么困难？

3. 零散问题的学习有什么特点？

4. 学生对零散问题的处理方法是什么？

5. 对零散问题相对最优化的学习方法是什么？

6. 零散问题对学生知识结构的建立有什么影响？

7. 零散问题的教学艺术是什么？

8. 教师如何处理零散问题？分类？“合并同类项”？找同中之异？找异中之同？

9. 处理零散问题，对教师的素质有什么要求？

10. 为什么有的教师善于处理零散问题？善字表现在何处？

11. 为什么有的教师对零散问题无动于衷？是责任心问题？

12. 零散问题是难题吗？

13. 零散问题是容易题吗？

14. 零散问题不是重点问题？

15. 零散问题常常是知识结构中的连接点？

16. 零散问题常常被学生忽略？

17. 教学中零散问题的表现形式是什么？

18. 系统化是什么意思？梳辫子？分层次？找关系？促进知识结构的形成？

19. 零散问题系统化对教师的素质有什么要求？

20. 零散问题系统化对学生的素质有什么要求？

21. 零散问题系统化有利于提高教学质量？

# 一五〇、一般问题概括化是教学艺术

分析：

1. 何为一般问题？一般问题针对不同人是变化的吗？如何处理一般问题？这是提高教育质量的重要环节？

2. 概括化是什么意思？

3. 概括化是从事例中抽象出本质属性吗？

4. 使一般问题概括化对教师的素质提出了什么要求？

5. 使一般问题概括化的教学效益在什么地方？是促进知识的迁移？是促进知识向能力转化？

6. 如何促进学生学习，使其能将一般问题概括化？这是培养学生能力的有效途径？

7. 使一般问题概括化是教学艺术，其艺术表现在何处？

8. 使一般问题概括化对学生的素质提出了什么要求？从而又培养了学生什么素质？

9. 教学艺术提高教学效益？

10. 教学艺术减轻学习负担？

11. 教学艺术体现教师素质？

12. 教学艺术体现教学观念？

13. 教学艺术是培训教师的指导理论？

14. 教学艺术不可模仿但可学习，对否？

15. 教学艺术是理论指导下的有效教学方法的一部分？

16. 推动学生对一般问题进行概括，是提高训练概括能力的有效方法？是减轻学生过重课业负担的有效方法？

# 一五一、爱是教育的真谛

分析：

1. 什么是爱？爱是爱心、爱护、爱惜？

2. 教育中对学生体现爱的表现形式是什么？

3. 教育中爱的本质是什么？爱的力量表现在何处？

4. 教育中教师对学生的爱，不会教学生解一道习题，爱能提高教育质量？

5. 教师对学生的爱，严厉批评是爱吗？

6. 教师对学生的爱，严格要求是爱吗？

7. 教师对学生的爱，严格要求教师自己，是对学生的爱吗？

8. 教师对学生的爱，对教书精益求精，是对学生的爱吗？

9. 教师对学生的爱，在教学中营造一种民主的氛围，是对学生的爱吗？

10. 教师在教与学的过程中，做事公平、处理问题公平，是对学生的爱吗？

11. 教师对学生的爱，为什么能提高教育质量？

12. 爱是如何转化为教育质量的？

13. 没有对学生的爱，就不会实现真正的教育，可以这样思考吗？为什么？

14. 通过爱的传递，可以体现出教师在用全人格育人教书，学生在用全人格学书育己，可以这样思考吗？它揭示了什么道理？

15. 教育大师必然体现大爱，大爱激发学生学习的动力，有了学生自觉的动力就会提高教育质量，这是爱的传递？这是爱的力量？这是教育的规律？

## 一五二、教师的活动是一个透明的活动

分析：

1. 教师的活动无一不被学生视为典范，尤其是中小学生，对否？为什么？

2. 教师的活动方式影响学生的活动方式，对否？为什么？

3. 教师对事物的态度影响学生对事物的态度，对否？为什么？

4. 教师对工作认真负责的态度影响学生对学习的态度，对否？为什么？

5. 教师所有的活动都是公开的、透明的，对否？为什么？

6. 教师的活动是公开的、透明的，教师的活动对学生的活动具有示范的意义，教师在与学生的交谈中应当注意些什么？

7. 由教师的活动是透明的，教师的活动对学生的活动具有示范的意义可知，应当如何培养教师？

8. 教师应当如何“修养”自己？

9. 根据教育的原理，在教与学的实践中应当如何要求教师？

10. 教师的工作重要，表现在何处？教师的一言一行都在育人教书？

11. 教师应当全方位地严格要求自己，道理在什么地方？

12. 校长是教师的教师，校长应当如何自觉“修养”？是因为校长的活动也是透明的活动？

13. 教师如何用人格影响学生人格？

14. 教师如何用精神影响学生？

15. 教师如何用“行为示范”影响学生？

16. 根据教育的原理可知，教师受人尊敬的原因是什么？教师工作伟大在何处？

17. 具有创新精神的教师是如何影响学生创新精神的？

18. 培养学生的创新精神，教师应当有创新精神并能让学生体会到创

新，对否？为什么？

19. 教师的活动与态度对学生具有重要的教育示范意义，对否？从中对教育的启示是什么？

20. 如何体会“教育无小事”？小事不小，是因为其影响大？作用大？

21.“教师的所有活动都是课堂”，这句话的意义在何处？

22. 如何体会教育和教学之间的区别？教学常常在课堂，教育常常平时、在小事之中影响深刻？

## 一五三、教师的威信是一种教育能

分析：

1. 威信是什么？
2. 威信是怎么形成的？
3. 教师的威信是什么？
4. 教师的威信是怎么形成的？
5. 教师的威信有什么特征？
6. 教师的威信如何影响学生？
7. 教师的威信如何教育学生？
8. 教师的威信是怎么教育学生的？教育的力量体现在何处？
9. 教师的威信是怎么帮助其学生提高教育质量的？
10. 教师的威信怎么会成为一种教育能？
11. 在现阶段提高教师威信的特殊意义在什么地方？
12. 教师的威信与教师的教学效果有什么关系？
13. 教师的威信与教师的人格特征有什么关系？
14. 教师的威信与教师在教学中的民主氛围有什么关系？
15. 教师的威信是教师的威风吗？
16. 教师的威信是对教师为人师表的评价，对否？为什么？
17. 教师的威信像“场”一样对学生起作用，对否？为什么？

18. 教师的威信是教师模范工作在学生头脑中的概括与升华的结果，对否？为什么？

19. 教师的威信就是教育的质量，对否？

20. 教师的威信是教育的软实力，对否？

21. 教师的威信是教师的全人格在学生中的影响力，对否？为什么？

22. 教师的威信是对教师教育质量的综合评价，而不仅仅是对教学质量的综合评价，对否？若这一观点成立，对培养教师的威信带来什么启示？

23. 教师的威信是学生心目中显示教师全人格的“温度计”，可以这样分析吗？

## 一五四、教学是一个移情的过程

分析：

1. 什么是移情？

2. 教师讲课需要激情吗？

3. 学生学习需要激情吗？

4. 教师的激情来自何方？

5. 学生的激情来自何方？

6. 教师的激情主要出自其责任心吗？

7. 教师如何把自己的激情转移给学生？

8. 如何理解“教学机器不会笑”？

9. 如何理解“教师的教态具有神奇的教育力量”？

10. 教师教学的激情是影响学生学习的重要变量，对否？为什么？

11. 教师教学的激情是教师教学的软实力，对否？为什么？

12. 教师利用自己的激情影响学生学习的动机，是教学艺术，对否？为什么？

13. 教师教学善于移情是教学艺术，对否？为什么？

14. 教学是教师全人格参与的过程，对否？为什么？体现在何处？

15. 如何评价一位教师的教学？不同的观念会制定出不同的评价体系，对否？原因出自何处？

16. 培养教师的教学艺术培养什么？不同的理论指导不同的教学艺术，对否？

17. 若移情是教学的艺术，一些成功的教学常常体现在移情？

18. 教学是一个移情的过程给人们带来什么启示？如何培养教师的素质？培养教师的素质培养什么？如何对教师精雕细刻？如何利用教师的软实力提高教学质量？提高教学质量仅仅是提高习题和考试的质量吗？

## 一五五、“教学机器不会笑”是对教师教学素质的要求

分析：

1.“教学机器不会笑”是客观事实，其含义是什么？

2.“教学机器不会笑”怎么能是对教师教学素质的要求呢？

3.“教学机器不会笑”说明教学机器不会传递感情，对否？为什么？

4. 能使教学机器由不会笑变成会笑吗？

5. 教师教学的激情是影响学生学习的重要变量，对否？为什么？

6. 如何理解“教学机器不会笑”与教学是一个移情的过程？

7. 由“教学机器不会笑”引出何种教学艺术？

8.“教学机器不会笑”能暗含说明教学中的基本原理吗？教师的感情是影响学生学习的重要变量？

9. 教师在教学中运用感情激励学生学习是教学艺术吗？

10. 教师在教学中运用的感情是教育能吗？

11. 用教师教学中激情点燃学生学习内心的“马达”，吸引学生的注意，增强其学习的兴趣，强调教学中的重点，是运用感情的着力点吗？

12. 教师上课的激情是评课的一个着力点吗？

13.“教学机器不会笑”难道上课就不用教学机器吗？如何让教学机器

发挥最大的效益？

14.“教学机器不会笑”说明了两个问题，一是注意教学中的感情，它是影响教学质量的变量；另一方面适当利用教学机器，提高教学效果，对吗？

## 一五六、教师的教态具有神奇的教育力量

分析：

1. 教师的教态主要是什么？

2. 教师的教态对学生的学习有什么影响？

3. 教师的教态具有移情的作用，对否？

4. 教师的教态影响、凝聚学生学习的注意力？

5. 教师的教态影响、激励学生学习的动机？

6. 教师的教态影响、提高学生学习的兴趣？

7. 教师的教态是教师的重要素质，对否？

8. 教师的教态是影响学生学习的重要变量？

9.“教师的教态具有神奇的教育力量”，如何体现教师的教学是教师全人格参与的过程？

10. 教师的教态是影响学生学习的重要变量，对评价教师的教学有什么启示？

11. 教师的教态是影响学生学习的重要变量，对培养教师的基本素质提出了什么要求？

12. 教师的教态与教师的衣着打扮是什么关系？教师的衣着打扮应注意些什么？

13. 教师的教态与教师的情商是什么关系？

14. 教师的教态与教师的威信是什么关系？

15. 教师的教态影响学生情商的形成吗？

16. 教师的教态应当是课堂教学评价的内容吗？如何评价教师的教态？

17. 教师的教态具有神奇的教育力量，其神奇在何处？教育力量在什么地方？

## 一五七、要精心设计课堂教学中的例题

分析：

1. 课堂教学中的例题有什么功能？

2. 课堂教学中的例题是教师教一，推动学生反三？引导学生反三？

3. 如何理解课堂教学中的例题有桥梁作用？

4. 如何理解课堂教学中的例题有巩固作用？

5. 如何理解课堂教学中的例题有检验作用？

6. 如何理解课堂教学中的例题有强调作用？

7. 如何理解课堂教学中的例题有提高作用？

8. 对课堂教学中的例题要求其具有紧密性，这紧密性指什么？作用是什么？

9. 对课堂教学中的例题要求其具有典型性，这典型性指什么？作用是什么？

10. 对课堂教学中的例题要求其具有相称性，这相称性指什么？作用是什么？

11. 由例题的设计人们会看到：向每一个教学环节要效益是提高教学质量的有效方法，如何体会教育处处无小事？

12. 由例题的设计人们会看到，在教学中如何追求事半功倍的效果？

13. 有多少教师注意到例题的种类与功能？有多少教师精心设计例题？精心设计例题是提高教学质量的一种方法吗？

14. 精心设计例题是减少学生过重课业负担的一种方法，提高学习水平的一种方法？

## 一五八、温故而知新

分析：

1. 何为新知识？学生新学的知识？

2. 何为旧知识？学生已学过的知识？

3. 学生在学习新知识时，如何依靠旧知识？它们是怎样互相联系的？会自动联系吗？

4. 学生在学习新知识时，能在头脑中组织起相关的旧知识吗？

5. 学生在学习新知识时，头脑中有有关的旧知识与新知识恰当的联系？

6. 当学生在学习新知识时，头脑中没有有关的旧知识与其相联系，教师采用什么教学方法？

7. 当学生在学习新知识时，头脑中仅有支离破碎的旧知识，教师采用什么教学方法？

8. 当学生在学习新知识时，头脑中有有关的旧知识与其相关联，但学生想不起来，教师采用什么教学方法？

9. 当学生在学习新知识时，教师如何唤醒头脑中有关的旧知识？

10. 在教与学的过程中，教师应当如何在学生的头脑中“建设”知识结构？

11. 教师利用什么方法，使学生能温故？是教学艺术？

12. 教师利用什么方法，使学生在温故的基础上，能联想到新？能理解新？促进知识的迁移？

13. 温故而知新是教学方法？学习方法？教学艺术？学习艺术？

14. 温故而知新，是学习原则？是教学原则？是学习理论？是教学理论？是教与学的规律？

15. 温故而知新是我国古代的学习理论？给教与学带来什么启示？

16. 如何对一句话的含义能“吃干榨净”地吸收？这是学习方法？这

是教学方法？这是对人的能力的考验？这是在培养人的能力？如何吃干榨净“温故而知新”的含义？

17. 温故而知新是如何启发学习的？是如何启发教学的？是如何启发编写教材的？

## 一五九、培养社会主义核心价值观从幼儿园做起

分析：

1. 有学者主张在幼儿园培养小朋友的最基本品德是养成良好的习惯、培养诚实、礼貌和助人为乐，对否？为什么？

2. 社会主义核心价值观在个人层面是八个字，即爱国、敬业、诚信、友善，在幼儿园的教育中如何落实？

3. 在幼儿园的教育中，可以培养小朋友的社会主义核心价值观？

4. 诚实对应的是诚信，助人为乐对应的是友善，可以这样思考吗？

5. 在幼儿园培养小朋友的社会主义核心价值观，其意义何在？

6. 在幼儿园培养小朋友的社会主义核心价值观，对幼教老师提出什么要求？

7. 幼儿园小朋友的头脑中是一张白纸，可以“画最美的画”，这些画如同烙印一般印在头脑之中，可以使小朋友终身受益？

8. 小朋友有了良好的习惯，这习惯会产生迁移的效应，扩展到小朋友的一切行为之中，如何思考良好习惯形成的效益？

9. 小朋友有了良好的品德，这品德是其学习其他品德的基础，这良好的品德会释放出“基础品德”的效应，如何思考这“基础品德”的效益？

10. 小朋友初步形成社会主义核心价值观，其会以“价值观”来观察世界，决定自己的行为和思考问题的立场、观点，如何思考这“价值观”的效益？

11. 如何加强幼儿师资的培养？

12. 加强幼儿师资素质的培养，其会给幼儿成长带来“终身的效益”，

可以这样思考吗？

13. 加强幼儿园的建设，提高幼儿园教育的水平，其意义何在？

14. 一切事情“从娃娃抓起”，其意义何在？

15. 一切事情“从娃娃抓起”，如何落实在幼儿园的教育之中？

## 一六〇、培养小朋友科学兴趣，要从幼儿园开始

分析：

1. 培养小朋友学科学的兴趣，要从幼儿园开始，可以吗？有这样的实践吗？

2. 培养小朋友学科学的兴趣，其意义在什么地方？

3. 培养小朋友学科学的兴趣，要注意些什么？

4. 培养小朋友学科学的兴趣，首先要注意安全吗？

5. 培养小朋友学科学的兴趣，科学小实验应当简单易行？

6. 培养小朋友学科学的兴趣，科学小实验应当现象明显？

7. 培养小朋友学科学的兴趣，科学小实验的实验用品应当环保，且容易获得？

8. 培养小朋友学科学的兴趣，对教师提出了什么要求？

9. 培养小朋友学科学的兴趣，对大学幼教教材提出了哪些要求？

10. 培养小朋友学科学的兴趣，对大学幼教课程提出了什么要求？

11. 对幼儿园教师提出的要求，实际是对培养幼教教师过程的要求？

12. 对幼教教师培养过程的要求，实际是对课程设置的要求？是对教育科研的要求？

13. 凡是对幼儿园小朋友的要求，是对培养幼儿园教师全过程的要求，对否？为什么？

14. 是一个“培训体系”为小朋友成长服务？

## 一六一、幼儿园最主要的工作是培养儿童的习惯、诚实、礼貌和助人为乐的品德

分析：

1. 幼儿园的最主要的职能是什么？

2. 培养儿童良好习惯是主要目的吗？

3. 培养儿童诚实品德是主要目的吗？

4. 培养儿童礼貌品德是主要目的吗？

5. 培养儿童助人为乐品德是主要目的吗？

6. 幼儿园应当贯彻教育方针，对否？培养儿童“10字品德”是在贯彻教育方针吗？

7. 教育方针对幼儿园有约束力吗？幼儿园如何贯彻教育方针？

8. 方向比努力重要。幼儿园的办学方向是什么？谁来评价这一方向？谁来把握这一方向？

9. 幼儿园办学方向如果有偏差，对小学教育有影响吗？

10. 幼儿园“小学化”的表现形式是什么？

11. 幼儿园“洋化”的表现形式是什么？

12. 幼儿园“家庭化”的表现形式是什么？

13. 幼儿园“小学化”，对儿童的身心发展有什么影响？

14. 幼儿园“洋化”，对儿童的身心发展有什么影响？

15. 幼儿园“家庭化”对儿童的身心发展有什么影响？

16. 若幼儿园“小学化”，小学一年级的教师怎么上课？会给一年级的小学生的学习带来什么影响？会养成什么不良习惯？

17. 我国各级各类的教育如何衔接？有研究的必要吗？如何构成有序衔接的教育体系？

## 一六二、研究学校实力的意义

分析：

1. 研究学校实力的意义，尽管这一提法不多，但确有多功能的意义？

2. 研究学校实力，在“解剖”学校？

3. 研究学校实力，在清理家底，以求心中有数？

4. 研究学校实力，在确优确劣，以求一目了然？

5. 研究学校实力，在明确方向，以求头脑清楚？

6. 研究学校实力，在明确目标，以求优化实力？

7. 研究学校实力，在明确任务，以求弹不虚发？

8. 研究学校实力，明确人才，以求精心育人？

9. 研究学校实力，明确策略，以求优化发展？

10. 盘点实力，知晓实力，利用实力，以求提高与充实实力？

11. 方向正确，目标清晰，任务清晰，以求可持续最优化发展？

12. 掌握办学规律，掌握理论与实践最佳结合点，促进学校最优化发展？

13. 研究学校实力，提示如何提高办学水平？

14. 研究学校实力，提示如何管理学校？

15. 研究学校实力，提出如何增强实力，为国家培养更多优秀人才？

## 一六三、学校的实力

分析：

1. 研究学校的实力意义何在？

2. 研究学校的实力在研究如何建设一所学校？如何发展一所学校？如何评价一所学校？

3. 学校的实力有硬实力和软实力，这样分析有科学的道理吗？

4. 学校的硬实力是什么？

5. 学校的软实力是什么？

6. 软实力常常决定硬实力作用的发挥？

7. 学校的办学思想是学校的软实力？

8. 学校的校风是学校的软实力？

9. 学校的校园文化建设是学校的软实力？

10. 学校在社会上的知名度是学校的软实力？

11. 学校领导集体在师生中的威信是学校的软实力？

12. 学校的领导能力是学校的硬实力？

13. 学校落实教育方针的能力是学校的硬实力？

14. 学校的教学实力是学校的硬实力？

15. 学校的科研能力是学校的硬实力？

16. 学校的育人实力是学校的硬实力？

17. 学校的管理能力是学校的硬实力？

18. 学校的创新能力是学校的硬实力？

19. 学校的硬件设施是学校的硬实力？

20. 学校为社会服务的能力是学校的硬实力？

21. 在学校中存在体制的问题吗？

22. 学校中的机制是人为的，学校中的机制等于机构+制度，可以这样思考吗？

23. 学校中的体制的形成，机制的形成是无形而又是有力的办学的力量，它们应当是软实力？

24. 为学校办学服务是一个体系，体系中有硬实力和软实力，硬实力和软实力协调发展，体现学校的综合实力？

25. 学校的综合实力服务学校的功能？

26. 追求学校硬实力和软实力协调、优化发展，是从另外的角度研究办学的一种方法？

## 一六四、民办学校用三思二律二十四字办学值得称赞

分析：

1. 三思是什么？是指教育家思想、企业家思想、战略家思想联合办学吗？

2. 二律是什么？指遵循教育规律、经济规律吗？

3. 二十四字办学指遵循教育规律，贯彻教育方针，优化教育方式，追求教育质量吗？

4. 如何评价三思二律二十四字办学思想？

5. 三思二律二十四字办学的本质是什么？追求教育质量？按规律办事？

6. 三思二律二十四字办学所倡导的思想为什么值得称赞？

7. 三思二律二十四字办学所倡导的思想对引导民办学校办学有何益处？

8. 办教育不遵循教育规律能行吗？规律永远是最公正的审判员？

9. 办教育为经济社会服务不遵循经济规律能行吗？

10. 民办教育为什么是“三家”联合办学？与办学的背景有关？

11. 三思二律二十四字办学可用于公办学校吗？为什么？

12. 三思二律二十四字办学具有普遍性吗？为什么？

## 一六五、应当用科学方法评价一所学校

分析：

1. 如何评价一所学校？

2. 用什么体系评价一所学校？

3. 评价的体系科学吗？评价体系能与时俱进吗？

4. 用学校的功能评价学校？

5. 用校长的素质评价学校？

6. 用教师的素质评价学校？

7. 用学生的素质评价学校？

8. 用学校为教学服务的体系评价学校？

9. 用学校为教育服务的体系评价学校？

10. 学校的校长是“挖”来的，如何评价学校？

11. 学校的优秀教师是“挖”来的，如何评价学校？

12. 学校优秀的学生是“挖”来的，如何评价学校？

13. 用学校学生考试的成绩评价学校，若好学生是“挖”来的，怎么公平评价学校教学？

14. 学校的好老师是“挖”来的，如何评价学生的成绩？

15. 在“三挖”（挖校长、挖老师、挖学生）的情况下，如何评价一所学校的成绩？如何评价一所学校的教学水平？

16. 用评价学校的校风来评价学校可以吗？

17. 用评价学校的校园文化建设来评价学校可以吗？

18. 用校风、校园文化来评价一所学校若不全面，可否用评价单项的方法来评价学校？

19.“三挖”的结果扩大了学校的差距，是这么回事吗？

20. 能制止“三挖”吗？

21. 大城市支援农村、边境教育，农村、边疆有一位好教师给挖到城市来了，怎么解释这一现象？

22. 评价体系在指导学校的办学，如何客观、公正地设定这一评价体系？可以增加新指标吗？可以增加新条件吗？能提出一票否决的办法吗？

23. 所有的评价体系都是为了提高学校学生的教育质量，如何制定这一评价体系？

24. 现在实行的评价体系有与时俱进改革的必要吗？怎么改？改的原则是使之适应客观环境且能公平评价并指导办学方向，对否？

25. 如何利用评价来提高学校的教育水平？

## 一六六、缺少评价的工作是缺少理论指导的工作

分析：

1. 什么是评价？

2. 评价需要制定评价指标、评价体系，对否？

3. 指导评价的理论是什么？

4. 指导评价的实践是什么？

5. 评价有诊断的功能，对否？为什么？

6. 评价有提高的功能，对否？为什么？

7. 评价有促进的功能，对否？为什么？

8. 评价有指导的功能，对否？为什么？

9. 评价有宣传的功能，对否？为什么？

10. 如何理解评价是“听诊器、方向盘、指挥棒、推动力”？

11. 评价的基本要求是科学性、适时性、最优化、适度量化，可以吗？

12. 评价指标体系是理论和实践的结晶，对否？为什么？

13. 评价指标体系是理论应用于实践的具体产物，如何理解？

14. 评价指标体系决定工作人员的努力方向，对否？为什么？

15. 评价指标体系决定工作的大方向，用实践加以解释可以吗？

16. 缺少评价的工作是容易迷失方向的工作，对否？为什么？

17. 为什么说缺少评价的工作是缺少理论指导的工作？

18. 实施评价是提高评价理论水平的有效方法，对否？为什么？

19. 评价指标体系在指导人们怎样工作，对否？为什么？

20. 没有评价的工作容易迷失方向，对否？为什么？应当如何重视评价的研究？

21. 评价体系在做“头痛医头、脚痛医脚”的事，这样的评价体系有价值吗？

22. 评价体系在做为教育服务体系的工作，是评价体系评价教育体系，

如何提高评价体系质量？

## 一六七、任何评价体系都具有四项功能

分析：

1. 任何评价体系都是具有指导工作方向的功能？

2. 评价体系具有指导工作方向的功能，因此要慎重制定评价体系？

3. 制定评价体系要在理论和实践的指导下来制定，其道理何在？

4. 制定评价体系要紧密结合工作实际，为什么？

5. 任何评价体系都具有“听诊器”的功能，表现在何处？

6. 任何评价体系都具有“方向盘”的功能，表现在何处？

7. 任何评价体系都具有“指挥棒”的作用，表现在何处？

8. 任何评价体系都具有“推动力”的作用，表现在何处？

9. 评价体系不是一成不变的，应当与时俱进地变化，为什么？

10. 评价体系若出现问题，将会给事业带来重大损失，为什么？

11. 评价体系的水平体现研究事物的理论水平和实践水平，对否？为什么？

12. 用教学评价代替教育评价，给教育事业带来的重大损失是什么？

13. 如何评价“评价体系”？有何作用？有评价“评价体系”的必要吗？

14. 我国有对学校贯彻教育方针的评价体系吗？这是评价工作中的空白吗？是教育中的重大损失吗？

15. 评价体系落后阻碍事业的发展？

16. 如何体会评价体系是“督办”？

## 一六八、应当用五率评价高校的教育质量

分析：

1. 如何评价高等院校教育的质量？

2. 目前教育部用什么标准评价高等院校的教育质量？

3. 目前评价高校教育水平的体系科学吗？

4. 可以用就业率评价学校的教育质量，关键是如何定位就业率？学生毕业后能找到一份工作就是就业？实际就业总和比应当就业人数即为学校就业率？

5. 用就业率评价学校的就业质量、教育质量科学吗？其问题在何处？

6. 用就专率评价高校的教育质量，关键是如何定位就专率？就专率是学生学什么专业且在专业内或类似的专业就业，这样评价科学吗？能反映学校的教育质量？

7. 用就高率评价高校的就业质量，关键是如何定位就高率？就高率是学生在就业岗位上按规定可以提前评上更高一级的职称，可以调到高工资的岗位，这样评价学校的教育质量科学吗？这终究是少数人的质量，但是这样的学生多了，可以反映教育质量吗？

8. 用就创率评价学校的就业质量，关键是如何定位就创率？就创率是学生毕业后自己可以创业（无需到其他单位找工作），这样评价学校的教育质量科学吗？这终究是少数人的质量，但是这样的学生多了，可以反映教育质量吗？

9. 用适应率评价学校的就业质量，关键是如何定位适应率？适应率是学生毕业后的工作岗位与自己所学的专业无关（如考上公务员），但适应岗位工作且工作很好，这样评价学校的教育质量科学吗？这终究是少数人的质量，但是这样的学生多了，可以反映学校的教育质量吗？

10. 用就业率、就专率、就创率、就高率、适应率合起来评价一所学校的教育质量，可以吗？

11. 评价学校的教育质量需要改革吗？评价什么最能反映实际问题？

12. 用即时评价（学生毕业前评价）和延时评价（毕业后在工作岗位上工作一段时间后评价）评价学校的教育质量可以吗？

13. 如何利用评价为提高教育质量服务？

14. 用体积评价（即学生所学知识的体积）评价学生的知识总量来评

价教育质量，这样评价科学吗？可以操作吗？

15. 教育质量评价不能自欺欺人是原则，关键是评价什么最能客观反映学校教育质量？培养出来的人对社会贡献最大？

16. 用就专率评价是对高校教育质量最重要的评价，可以这样理解吗？

## 一六九、教学评价量表是学校研究教与学理论与实践水平的结晶

分析：

1. 教学评价量表指什么？

2. 教学评价量表由教育规律所指导？

3. 教学评价量表由教学目标所决定？

4. 教学评价量表由教学指导思想所决定？

5. 教学评价量表由教学理论所决定？

6. 教学评价量表由教学实践所决定？

7. 教学评价量表是教与学的理论与实践的结晶，对否？为什么？

8. 教学评价量表是学校最重要的文件之一，对否？因为它代表学校研究教与学理论与实践的水平？

9. 教学评价量表反映的是学校的综合信息，对否？为什么？其综合在何处？

10. 教学评价量表是教学中的“听诊器”？

11. 教学评价量表是教学中的“方向盘”？

12. 教学评价量表是教学中的“指挥棒”？

13. 教学评价量表是教学中的“推动力”？

14. 教学评价量表是相对稳定的又是与时俱进的，对否？为什么？

15. 教学评价量表是评价学校教学质量的重要依据，对否？为什么？

16. 教学评价量表是对教师的素质提出的基本要求，对否？为什么？

17. 教学评价量表是对提高教学质量的有力指导，对否？为什么？

18. 评价教学评价量表，是对教育管理人员教学指导思想的评价，对否？是对其教学管理水平的评价，对否？为什么？

19. 制定教学评价量表应当与学校的教学实际相匹配？

20. 与学校实际教学水平脱节的教学评价量表，常常失去了评价量表的功能？

21. 如何充分利用教学评价量表的功能，推动提高教学水平？

## 一七〇、在我国制定评价教育的基本标准符合事物发展的规律

分析：

1. 我国各地社会事业发展是不均衡的，对否？为什么？

2. 我国各地社会事业发展是不均衡的，在这样的情况下，如何制定评价标准？

3. 制定标准是为了推动事业的发展，对否？为什么？

4. 制定标准不是为了压制事业的发展，对否？为什么？

5. 我国各地地理环境不一样，经济状况不一样，人们对社会事业的需求不一样，对否？为什么？

6. 需要思考的是：制定标准既能推动事业的发展，又不压制地方的积极性，对否？为什么？

7. 制定最低标准，既可以推动事业的发展，满足做事的基本标准，又不压制超过标准的“发展”，对否？

8. 制定最低标准不是“一刀切”，即符合最低要求，又上不封顶，对否？这样做的优点是什么？

9. 制定基本标准有利于调动办事业的积极性，对否？为什么？

10. 制定基本标准是工作中的策略吗？

11. 制定基本标准是工作中的艺术吗？

12. 制定基本标准是实事求是吗？

13. 制定基本标准是激励工作的措施吗？

14. 制定基本标准是推动事业发展的方法吗？

15. 基本标准是一成不变的吗？基本标准为事业发展奠定了什么基础？

16. 基本标准为科学评价打下了基础，对否？为什么？

17. 基本标准为准入打下了基础，对否？

18. 基本标准是合格准入的标准，是必须达到的标准而不是“封顶”的标准，这样做对调动积极性有什么好处？

19. 制定基本标准，是领导的艺术？推动工作的艺术？调动积极性的艺术？

20. 实施统一标准和实施基本标准，在工作艺术上有什么本质的区别？

## 一七一、高校毕业生的就业情况是教育质量的重要标识物

分析：

1. 如何评价一所高校的教育质量？有评价体系吗？

2. 用高校毕业生的就业情况来评价高校的教育质量客观吗？可以这样分析吗？

3. 可以用就业率来评价高校的教育质量吗？这样评级客观吗？

4. 可以用就专率（就业岗位与所学专业基本相当）来评价高校的教育质量吗？

5. 可以用就高率（就业的学生在岗位上可提前晋级等）来评价高校的教育质量吗？

6. 可以用就创率（毕业的学生自己创业）来评价高校的教育质量吗？

7. 可以用适应率（毕业的学生不在自己所学专业就业，并能适应工作岗位的需要）来评价高校教育质量吗？

8. 对教育质量用即时评价和延时评价来评价高校教育的质量可以吗？有研究的必要吗？可以实施吗？带来的困难是什么？

9. 即时评价是学生离开学校前对学生的相关指标的评价，可否？它的

意义何在？即时评价做得如何？效果如何？

10. 延时评价是学生离开学校在工作岗位上工作若干时间后对学生的相关指标进行评价，可否？它的意义何在？有学校做延时评价吗？

11. 无论是即时评价还是延时评价，有这样评价指标体系吗？值得研究吗？

12. 对学校学生就业情况的分析，给高校教育改革带来了什么启示？

13. 对学生进行即时评价和延时评价，是由学生家长来做还是由学校做？由教育行政部门做还是委托社会组织来做？可以引入社会组织来做吗？

14. 对学校教育质量的评价有多少种方法？有改革的必要吗？它对提高教育质量将起到何种作用？

15. 利用学生质量评价学校的教育质量，要研究评价指标、评价方式、评价方法、评价时间。评价是评价理论和实践的结晶，这也是教育评价理论和实践的结晶，可以这样分析吗？

16. 学生就业状况是评价学校教育质量的终极指标，可以这样分析吗？

17. “就专率”是评价学校教育质量的金指标，为什么是金指标？

18. 各高校可以自定义就业率吗？若各高校自定义就业率，各高校的就业率就不具有可比较的性质？

19. “就专率”是社会选择性评价？客观公正？

## 一七二、高水平职业学校没有公认的标准

分析：

1. 高水平职业学校，没有举世公认的标准，对否？

2. 高水平职业学校，永远是相对的高水平？

3. 高水平职业学校，永远是一定条件下的高水平，对否？为什么？

4. 高水平职业学校，永远是一定阶段的高水平，为什么？

5. 高水平职业学校，是由局部的高发展为整体的高，这是发展的规

律吗？

6. 研究高水平职业学校，在研究学校发展的方向？发展目标？

7. 研究高水平职业学校，在指明教育的水平，在指明学校管理的水平？在指明学校服务的水平？在指明办学体系的水平？

8. 研究高水平职业学校，在明确管理者的素质，在要求管理者的素质？在培训管理者的素质？

9. 研究高水平职业学校，在明确培训教师的素质？明确教师发展的方向？

10. 研究高水平职业学校，在研究评价高水平职业学校的评价标准？

11. 研究高水平职业学校，在研究高水平职业学校的竞争力？

12. 评价高水平职业学校的标准在于毕业生在社会工作中取得成绩的水平，可以这样思考吗？这是社会上的延时评价，这样更客观？

13. 如何引进社会组织对职业学校评价的机制？这样做的优点是什么？

14. 在评价职业学校的办学水平时，如何引进客观评价的成分？

15. 高水平职业学校社会评价可能更客观？有利于提高职业学校办学的水平？

## 一七三、学生就业是三因素作用的结果

分析：

1. 哪个学生念书不是为了就业？

2. 学生就业家庭幸福，社会安定，国家发展，不是一好促万好的事吗？

3. 学生就业需要什么条件？这是人们思考学生就业的关键，对否？为什么？

4. 学生就业的条件是解开就业压力的钥匙，对否？为什么？

5. 学生就业，社会上有就业的岗位吗？如何扩大社会就业的岗位？

6. 学生就业，学校培养的学生能适应社会就业的岗位吗？

7. 学生就业，社会上有岗位，学生本人的能力也适应这样的岗位，学生愿意去吗？

8. 学生就业是三因素作用的结果，即“岗位—能力—意愿”，这样分析可以吗？

9. 促进学生就业，要向三因素要“效益”，可以吗？

10. 是一个体系在影响学生就业，如何优化这个体系？

11. 促进学生就业，对学校的教育提出了什么要求？

12. 学生就业现状对教育改革带来了什么启示？

13. 学生就业的水平，常常反映的是学校教育的水平，对否？为什么？

14. 学生就业的水平，常常为学校教育改革提出最实际的题目，可以这样想吗？

15. 学生就业的水平，反映出来的综合信息是什么？如何分析这些信息？这些信息是学校教育改革的指挥棒，对否？为什么？

## 一七四、定义职业教育，是在指导办职业教育

分析：

1. 什么是职业教育，如何定义？

2. 职业教育是一个文科的概念，没有举世公认的确切的定义，对否？

3. 研究文科的概念，可以自定义研究和他定义研究，对否？

4. 职业教育是对被培训者拟从事的工作而进行相应素质的培养，对否？可以这样定义吗？

5. 职业教育的本质是什么？可以从本质的角度给职业教育下定义吗？

6. 职业教育是培养具有一定技能、为社会某些工作岗位服务人才的教育，可以吗？

7. 职业教育是为学生在社会上就业服务的教育，对否？

8. 职业教育是针对社会职业的需求而开展的教育，对否？

9. 职业教育是培养技能人才的教育，可以吗？

10. 职业教育是为被培训者走上社会谋职而实施的教育，可以吗？

11. 职业教育是为满足社会某一职业所需的人才素质而实施的教育，可以吗？

12. 职业教育是紧密结合社会职业的教育，可以吗？

13. 职业教育是根据职业要求而对人才素质实施的教育，可以吗？

14. 职业教育是结合职业要求实施的教育，可以这样思考吗？

15. 职业教育是培养与职业相关的具有一定技能的实用人才的教育，可以这样思考吗？

16. 职业教育是针对职业对人才素质的需求而实施的与时俱进的、针锋相对的教育，可以这样思考吗？

17. 定义职业教育，为办职业教育指明了方向？

18. 办职业教育的最本质的是为培养职业人才而实施的教育，对否？为什么？

## 一七五、职业教育是对学生拟从事的工作进行与时俱进、针锋相对的相应素质的培养

分析：

1. 职业教育，是一个文科概念，有确切的定义吗？可以自定义研究？

2. 职业教育是对学生拟从事的工作进行与时俱进的、针锋相对的相应素质的培养，此定义有参考价值吗？

3. 国家的教育可以分为普通教育和职业教育，可以吗？这样分有什么益处？

4. 若将教育分为普通教育和职业教育，如何划分？

5. 若将9年义务教育之前的教育称之为普通教育，将9年以后的教育称之为职业教育，这样教育的分类有其合理性吗？其合理性在什么地方？容易带来的问题是什么？

6. 任何一所学校都应当贯彻教育方针，这是没有争议的命题？

7. 任何一所学校都要培养德智体美劳全面发展的社会主义建设者和接班人，这应当是没有争议的命题？

8. 德育分为社会公德、职业道德、家庭美德和个人品德，这是德育的最基本也是最重要的内容，对否？

9. 从对职业教育的定义可以看出，现在社会上所有的大学都可以看成是职业教育，你同意这种观点吗？

10. 大学若承认现在的所有大学全是职业教育，缺乏对这些学校的学生职业道德的教育，是教育中的重大损失，你同意这种观点吗？

11. 有些大学生从大学毕业，不承认自己所受的是职业教育，不承认自己是从职业院校毕业的学生，原因在什么地方？

12. 无论任何一所大学毕业的学生，毕业后都要找一份工作，每一份工作都是一份职业，对否？如果成立，学生在校所受的教育不是职业教育吗？

13. 为什么社会一些人不愿意说自己是职业院校毕业的？什么问题？是社会问题还是个人的认识问题？是宣传问题还是解释问题？

14. 一个从师范大学毕业的学生，毕业后当了教师。教师是一份职业吗？在师范大学要进行师德的教育，这是在落实职业道德教育吗？

15. 从本质上来看，师范院校是不是一所职业院校？

16. 有人认为，自己从职业院校毕业，就矮人一等，脸上很不好看，这是什么原因造成的？对培养一个人才会造成什么损失？

17. 一个定义的功能是什么？

18. 一个定义决定人们思考问题的方向？

19. 定义一个概念，决定人们思考问题的立场、方法，对吗？定义在“规定”事物的本质，对否？

20. 概念是人们知识结构中的基石，其基石的作用在哪里？

21. 在处理任何事物、决定任何事物、思考任何事物时，有必要先研究相关的概念吗？人们有这样的思维习惯吗？有因为概念错误或者概念不准确或概念模糊，而对事物的判断和决策出现问题吗？

22. 在发展教育的各项事业中，在发展、研究职业教育的过程中，有必要对职业教育这一概念进行研究、明确、宣传吗？

23. 职业教育和普通教育的根本区别是什么？区别的本质是教育方法、教育过程、教育目的的区别？

24. 研究职业教育有误区吗？

25. 为什么相当多的学生不愿意去现在的职业院校学习？是教学条件还是教学水平的问题？是社会舆论还是社会地位的问题？

26. 职业教育培养出来的人才是建设国家某些职业的主力军，发展职业教育的意义在什么地方？

27. 一个国家没有职业人才，这个国家如何发展？

28. 职业教育是支持国家发展的一根柱子，其“柱子”的功能表现在何处？如何强壮“柱子”？

## 一七六、职业教育是福民强国的教育

分析：

1. 什么是职业教育？有确切定义吗？

2. 职业教育是低人一等的教育吗？

3. 职业教育培养的人才低人一等吗？

4. 职业教育对社会的贡献是什么？

5. 职业教育是福民强国的教育？

6. 职业教育是稳定社会的教育？

7. 职业教育是扶贫的教育？

8. 职业教育是社会不可缺少的重要的教育？

9. 职业教育是任何一个国家不可缺少的教育？

10. 职业教育的规律是什么？

11. 技能形成的规律是什么？

12. 职业教育是对学生拟从事的工作而实施的与时俱进的相应素质的

教育，将引出职业教育的规律？这是研究职业教育规律的方法？

13. 社会上，对职业教育的偏见来自何方？

14. 职业教育是福民强国的教育，其福民在何处？其强国在何处？

15. 职业教育是福民强国的教育，国家已出台各种政策支持职业教育，落实得如何？特别是在人们的思想观念中落实得如何？

16. 学生为什么不愿意说自己是职业院校培养的学生？原因出在何处？是思想观念问题还是社会问题？还是人才质量问题？

17. 将教育分为普通教育和职业教育，其社会效益是什么？可以影响或改变社会上的一些偏见吗？

18. 社会应当如何为职业教育“正名”？对发展职业教育会带来什么影响？“正名”是对职业教育的激励，是推动力，是看不见的教育的力量？

19. 职业教育是福民强国的教育，其福民表现在何处？其强国表现在何处？一个国家没有职业教育，社会有瘫痪的可能吗？

20. 一个国家的发展，需要各种各样的人才，缺人才如同缺机器上的零件，缺零件的机器能正常运转吗？一个国家机器不能正常运转，还有什么发展速度而言？

21. 职业教育培养出来的人才，在补充社会不同层次工作需要的人才。社会哪个岗位离了人才都不能正常运转，社会上大力宣传各项工作只有分工不同，没有高低贵贱之分，有必要否？这是社会素质？

## 一七七、职业教育是和谐社会的一个稳定器

分析：

1. 职业教育指什么？

2. 职业教育在教育中的地位如何？

3. 职业教育的社会功能是什么？

4. 到职业学校读书学生的家庭如何？

5. 如何理解就业一名学生就稳定一个贫困家庭？

6. 如何理解从某种意义上说职业学校是“扶贫学校”？

7. 职业教育的水平越高，学生就业率越高，社会越稳定，对否？

8. 职业教育的水平越高，社会上企业的劳动者素质越强，对否？

9. 职业教育的水平越高，企业在国际上的竞争力越强，对否？为什么？

10. 职业教育的水平越高，促进企业发展的力量越大，企业对国家的贡献越大，对否？为什么？

11. 中等职业教育为高等职业教育输送人才，对提高高等职业教育的水平起到基础作用和促进作用，对否？为什么？

12. 职业教育直接联系的是企业，企业连着市场，市场连着竞争，竞争决定企业的生存，企业的生存决定社会就业岗位的多少，对否？从这一角度讲，职业教育是和谐社会的稳定器？

13. 职业教育“稳定学生”、“稳定家庭”、“稳定企业”，职业教育不是和谐社会的稳定器吗？

14. 职业教育有什么特殊性？

15. 职业教育培养出来的学生要“人好、活好”，对否？为什么？

16. 手把手，放开手，育巧手是职业教育的一个教育规律吗？

17. 职业教育的教材特殊，特在何处？

18. 职业教育的教师特殊，特在何处？

19. 职业教育的教学设备特殊，特在何处？

20. 职业教育所学的技能特殊，显示在何处？

21. 职业教育的显著特殊性在于技能与时俱进，由此而引发一系列教学的与时俱进，为什么？

22. 职业教育的特殊性在于它时时刻刻受到实践的挑战、科技发展的挑战、技术革新的挑战、市场竞争的挑战，对否？为什么？

23. 对职业教育的投入特殊是因为只有用一流的设备才能培养出一流的有竞争力的人才，对否？为什么？

24. 职业教育的特殊性在于受教育的学生直接连着市场，市场是看不见的手又是无情的手，它淘汰学生实际在淘汰学校的教育，对否？为什么？

25. 职业教育的特殊性在于要与企业联系，企业常常是他们学习的“第二课堂”，就业的“第一课堂”，对否？

26. 职业教育的特殊性在于经费的投入要高于同水平的学校，对否？为什么？

27. 搞好职业教育是和谐社会的一个稳定器，其稳在何处？

28. 可以从政治意义上去看职业教育吗？

29. 可以从企业的发展去看职业教育吗？

30. 可以从转变经济发展方式去看职业教育吗？

31. 可以从增强国家的综合国力去看职业教育吗？

## 一七八、努力建设职业教育强国

分析：

1. 何为职业教育强国？强在何处？

2. 职业教育强国强在教育手段现代化？

3. 职业教育强国强在职业教育体系强？

4. 职业教育强国强在能做未雨绸缪之事？

5. 职业教育强国强在教师队伍强？

6. 职业教育强国强在科研成果强？

7. 职业教育强国强在育人效果好？能育出有科学家精神、企业家精神的人才？

8. 职业教育强国强在能育出大批具有工匠精神的人才？

9. 职业教育强国强在能为经济社会的发展培养优秀人才和有竞争力的科学技术？

10. 职业教育强国强在创新能力强？

11. 职业教育强国强在国际上有强的竞争力？

12. 职业教育强国强在能引领职业发展方向？在国际上有重要的影响力？

13. 职业教育强国强在能与时俱进地为经济社会的发展助力？

14. 职业教育强国强在具有高质量的职业教育体系？表现在何处？

15. 职业教育强国强在具有强有力的政策支持？

16. 职业教育强国强在具有可持续发展的职业教育的力量？

17. 职业教育强国强在能用现代教育手段，全方位提高育人的效益？培养出具有现代技术的人才？

18. 职业教育强国在于有先进的职业教育思想、有配套的政策支持、有先进的职业教育条件、能与时俱进地培养出具有现代技术的人才？

19. 职业教育得到全社会的认可与支持？职业教育培养出来的人才有幸福感、荣誉感？

20. 社会上有一整套体系在支持职业教育，职业教育不会受到任何歧视？

21. 努力办好、努力建设职业教育强国，是一整套体系在支持职业教育，这套体系是什么？

22. 努力建设职业教育强国，是国家永恒的主题，这样的思考科学吗？

23. 努力建设社会主义现代化强国是国家永恒的主题，没有强有力的职业教育为强国助力，如何实现国家建设的目标？

## 一七九、高水平职业学校是高水平教育学校

分析：

1. 什么是教育？如何下定义？

2. 什么是教学？如何下定义？

3. 教育与教学有什么区别？这一区别是教育方向上的区别？

4. 教学仅仅是教育中的一部分内容？是育人功能的一部分？

5. 教育与教学概念混淆，会给教育带来多大的损失？目前有表现形式

吗？为什么会形成这样的形势？

6. 将教学评价代替教育评价的表现形式是什么？给教育带来的损失是什么？

7. 研究高水平职业学校，有利于把握职业教育的办学方向？

8. 研究高水平职业学校，有利于指明职业学校的管理？有利于职业学校的改革？

9. 研究高水平职业学校，有利于职业学校的人才、器材、教材和校园文化建设？

10. 研究高水平职业学校，有利于对职业学校的评价？

11. 研究高水平职业学校，有利于促进学校提高教育水平？

12. 研究高水平职业学校，在明确教师发展的方向？

13. 研究高水平职业学校，其意义在什么地方？作用在什么地方？

14. 研究高水平职业学校的研究方法是什么？

15. 迅速提高职业学校的办学水平，意义何在？

16. 高水平职业学校的落脚点落在教育水平而不是教学水平，道理何在？意义何在？落实在人的水平而不是学习的水平？

## 一八〇、职业教育专科升本科的本质是学校功能的升格

分析：

1. 学校的功能是什么？

2. 学校的基本功能是传授知识、培养人才、服务社会？

3. 由职业教育专科升为职业教育本科，是培养人才的标准升格？

4. 由职业教育专科升为职业教育本科，服务社会的水平提高了？

5. 由职业教育专科升为职业教育本科，是传授知识、传授技能的水平提高了？

6. 由职业教育专科升为职业教育本科，是学校办学体系的水平提高了？体系更加完整？

7. 由职业教育专科升为职业教育本科，要求教师水平的提高？

8. 由职业教育专科升为职业教育本科，要求科研水平的提高？

9. 由职业教育专科升为职业教育本科，要求为社会服务水平的提高？

10. 由职业教育专科升为职业教育本科，要求学校器材设备的提高？

11. 由职业教育专科升为职业教育本科，关键是学校的办学思想要转变？

12. 由职业教育专科升为职业教育本科的本质是学校功能的升格，如何评价升格的水平？

13. 由职业教育专科升为职业教育本科的本质是为提高教育质量的整个系统的升格？

14. 学校教育水平的提高，表现在什么地方？是贯彻教育方针水平的提高？落脚点应当落在贯彻教育方针上？

15. 学校由专科升为本科，是为教育服务体系的升格？功能升格、服务体系的升格是升格的实质？

## 一八一、职业教育是教育系统中的重要组成部分

分析：

1. 世界是分层次的，对否？

2. 世界上的工作是分层次，分种类的？

3. 不同层次、不同种类的工作需要不同层次、不同种类的人来做？

4. 不同种类的工作需要有不同技能的人才来完成？

5. 世界上没有一所学校培养出来的人才可以完成世界上所有的工作？

6. 我国没有一所学校可以培养社会所需要的各种人才？

7. 要培养具有不同技能的人才，需要不同类型不同层次的学校来完成？

8. 社会工作的分工是不可改变的，社会需要人才的种类及水平也是不可改变的。职业教育为社会培养不同类型、不同水平的人才是社会上不可

或缺的教育，这是不争的事实？

9. 一个社会缺少各种技能人才，这个社会不可运转？是社会人才结构不完整？

10. 职业教育是教育系统中的重要组成部分，是社会分工的规律赋予它的地位？

11. 职业教育可以大面积地提高国民素质？

12. 从某种意义上说，职业教育是社会和谐的稳定器？

13. 学生有不同的学习环境，有不同的爱好，有不同的志向，有不同的专长，职业教育为学生发展提供了实现理想的机会？

14. 职业教育重在培养出来的人才社会不可或缺，为福民强国做出重大贡献？

15. 职业教育是教育系统中的重要组成部分，是因为其为社会培养了社会上必不可少的人才？

16. 职业教育是教育系统中的重要组成部分，是因为其为社会完整了人才结构？

17. 职业教育是教育系统中的重要组成部分，为稳定社会、提高国民素质做了贡献，对否？

18. 职业教育是教育系统中的重要组成部分，为提高职业人才水平做出了重大贡献？

19. 职业教育是教育系统中的重要组成部分，国家没有职业教育是不完整的教育，对否？

20. 职业教育是教育系统中的重要组成部分，为国家重大技术改革做出重大贡献？

## 一八二、职业教育中的四道“数学题”

分析：

1. 针对同一专业，职业博士减去职业硕士课程，等于什么？即职业博士高于职业硕士，高在什么地方？

2. 职业硕士减去职业本科课程，等于什么？即职业硕士高于职业本科，高在什么地方？

3. 职业本科减去职业专科课程，等于什么？

4. 职业专科减去职业中专课程，等于什么？

5. 对这四道“数学题”有明确的答案吗？

6. 这四道“数学题”在研究如何铺设四条培养人才目标明确的“轨道”吗？

7. 这四道“数学题”在呼唤学制的改革吗？

8. 这四道“数学题”在呼唤教育思想的创新吗？

9. 这四道“数学题”在呼唤相应政策的出台吗？

10. 这四道“数学题”在呼唤明确培养目标吗？

11. 这四道“数学题”在呼唤教学基本要求的制定吗？

12. 这四道“数学题”在呼唤早日试点吗？

13. 解决这四道“数学题”实际上相当复杂，目前尚无明确的具体答案，对否？

14. 解决这四道“数学题”，要国家有关部门联合起来，系统研究，系统设计，拿出规划，写出大纲，指导全国职业教育的发展，对否？

15. 解决这四道“数学题”，是国家对职业教育的总规划、总要求、总指挥，对否？

16. 解这四道“数学题”指明职业教育发展的方向？指明了职业教育奋斗的目标？指明了各级职业教育应达到的水平？

17. 解这四道“数学题”，有的需要亡羊补牢，有的需要对症下药，有的需要未雨绸缪，是一个庞大的系统工程，对否？

18. 解这四道“数学题”，要用社会发展的眼光来研究？

19. 解这四道“数学题”，如何体现教育优先发展？

20. 解这四道“数学题”，要用系统工程的观点来解题并给出答案，是难题也是必须解决的问题，对否？为什么？

21. 职业教育立交桥支持建设职业教育强国？

## 一八三、将教育分为职业教育和普通教育，使培养目标更明确

分析：

1. 何为职业教育？它是如何定义的？哪一所大学不是职业教育？哪一所大学毕业的学生不在社会找一份工作？哪份工作不是一种职业？

2. 何为普通教育？它是如何定义的？

3. 将教育分为职业教育和普通教育的优点是什么？容易出现的问题是什么？

4. 将教育分为职业教育和普通教育有利于明确培养目标？明确学生的学习观？

5. 将教育分为职业教育和普通教育有利于分类管理？有利于消除对职业教育的歧视？

6. 将教育分为职业教育和普通教育有利于分类评价？分类指导？分类培养教师？

7. 将教育分为职业教育和普通教育有利于培训师资？从而决定教师在教育中的教育方法？

8. 将教育分为职业教育和普通教育，有利于教育系统的上下衔接，特别是教育思想的衔接？

9. 将教育分为职业教育和普通教育，有利于发展职业教育？

10. 将教育分为职业教育和普通教育，有利于社会人才的培养？提高职业教育水平？实际是提高整体大学教育的水平？

11. 将教育分为职业教育和普通教育，有利于培养各级各类的拔尖人才？

12. 将教育分为职业教育和普通教育，有利于提高管理的水平，从而提高教育质量？

13. 将教育分为职业教育和普通教育，理顺职业教育和普通教育体制，

有利于我国教育制度的改革？

14. 将教育分为职业教育和普通教育，便于统一思想，便于分类管理、便于消除对职业教育的歧视，便于改变人们固有的观念，这样思考可以吗？

## 一八四、职业教育和普通教育是两种不同教育类型，其相同点是什么

分析：

1. 职业教育和普通教育是两种不同的教育类型，二者之间有相同点吗？

2. 教育本质是一样的，对否？为什么？

3. 教育规律是一样的，对否？为什么？

4. 教育方针是一样的，对否？为什么？

5. 教学原则是一样的，对否？为什么？

6. 学校的功能是一样的，对否？为什么？

7. 培养人才的宏观目标是一样的，对否？为什么？

8. 教育方向是一样的，为了实现教育现代化，培养德智体美劳全面发展的社会主义建设者和接班人，对否？为什么？

9. 要把立德树人作为教育的根本任务是一样的，对否？为什么？

10. 明确职业教育和普通教育的相同点，对办学方向起到什么作用？

11. 明确职业教育和普通教育的相同点，对研究评价体系有什么帮助？

12. 明确职业教育和普通教育的相同点，对研究评价落实教育方针有什么帮助？

13. 明确职业教育和普通教育的相同点，对研究教育评价和教学评价有什么帮助？

14. 明确职业教育和普通教育的相同点，对研究、出台教育政策有什么帮助？

15. 将现在的大学，渗透职业教育思想，培养学生职业素养，是分类提出的初衷？

## 一八五、职业教育和普通教育是两种不同教育类型，其不同点是什么

分析：

1. 职业教育和普通教育是两种不同教育类型，二者之间的不同点在什么地方？

2. 培养的人才标准不一样，对否？为什么？

3. 培养人才的过程不一样，对否？为什么？

4. 培养人才的条件不一样，对否？为什么？

5. 对师资素质的要求不一样，对否？为什么？培养师资的内容、过程、方法不一样？

6. 对学校建设评价的体系不一样，对否？为什么？

7. 学生的职业素养不一样，对否？为什么？

8. 为社会服务的着力点不一样，对否？为什么？

9. 学校师资的来源不一样，对否？为什么？

10. 对教育质量的评价标准不一样，对否？为什么？

11. 区分普通教育和职业教育的不同点，对办学方向起到什么作用？

12. 区分普通教育和职业教育的不同点，对出台不同的教育政策有什么帮助？

13. 区分普通教育和职业教育的不同点，对评价学生的标准有什么帮助？

14. 区分普通教育和职业教育的不同点，对评价教师素质、校内领导素质有什么帮助？

# 一八六、从社会需求看职业教育的改革

分析：

1. 社会对一个产品有什么要求？什么样的产品有利于销售？

2. 社会的发展，对产品的要求就是对职业教育的要求？如何理解？怎么解释？产品的升级是对职业教育升级的要求？

3. 办职业教育，必须研究社会的发展，社会的发展推动学校教学体系的改革？这是针锋相对、与时俱进的改革？也是有效的改革？

4. 社会对制造业产品的要求，在有质量保证的情况下，有九点要求：(1)综合（功能综合、技术综合）；(2)智能（充分使用AI技术）；(3)简单（操作简单）；(4)安全；(5)环保；(6)节约；(7)成本；(8)效益；(9)实用。这是客观要求？这是基本要求？这是严格要求？这是淘汰的指标，也是淘汰的要求？

5. 社会对制造业产品的要求，是对企业的要求，是对企业人才的要求，是对职业教育培养人才的要求？

6. 社会对产品的要求，是经济升级的一种表现形式，是对技术要求的一种表现形式，是对职业教育人才标准要求的一种表现形式？

7. 职业教育如何能在经济变化中找到发展的方向？找到发展的动力？找到发展的目标？找到发展的方法？

8. 经济形势的变化，要求学校“研以致用、研以致改、研以致促、研以致提、研以致适”，社会形势对学校提出的要求是最符合实际的要求？它指明科学研究的方向？

9. 社会的形势变化复杂，气象万千，不同的专业会遇到不同的形势，形势对不同的专业提出了不同的要求，这要求是“裁判式、淘汰式”的要求，如何理解？

10. 形势的变化改变学校“关门办学”的形势吗？

11.“关门办学”的形势不存在了，对学校提出了怎样的改革要求？要求学校怎么办？办什么？如何提高教育质量？

12. 形势的变化，要求职业学校能“吃透形势、吃准形势、吃尽形势”，为学校的改革把准方向，明确目标，落实方法，使办学的体系适应社会的要求？学校有“吃”的能力吗？

13. 社会形势的变化，说明经济结构的调整？调整是改革？调整是要求？调整是淘汰？调整对培养人才的规格提出新的要求？

14. 经济结构调整—人才结构调整—人才标准调整—教育调整—课程群调整—课程内容调整，这是职业教育应当研究的调整链？不调整的结果如何？调整慢了结果如何？

## 一八七、经济升级呼唤教育升级

分析：

1. 什么是经济升级？经济升级意味什么？表现形式是什么？

2. 经济升级是产业升级？

3. 产业升级是产品升级？

4. 产品升级是技术升级？

5. 技术升级是人才升级？

6. 人才升级是教育升级？

7. 经济升级推动教育升级？

8. 我国经济升级的趋势是什么？

9. 国外经济升级的趋势是什么？

10. 世界强国经济升级的趋势是什么？

11. 国外经济升级影响我国经济升级，我国教育升级受国际和国内经济升级的影响，可以这样分析吗？

12. 经济升级是对教育的要求？要求教育培养人才水平升级？

13. 经济升级推动教育升级，教育升级又推动经济升级，互为因果，互相促进？

14.“关门办学的时代”已经过去了，教育要密切联系经济社会的发展？要紧紧盯住经济发展的方向？

## 一八八、学习、消化、吸收—引进—实践—再创新是学习先进经验的好方法

分析：

1. 任何职业学校都要学习他人、他校、他国职业教育的好经验、好做法，为什么？

2. 学习他人、他校、他国职业教育的好经验是推动职业教育发展的必要工作？

3. 学习他人、他校、他国职业教育的好经验问题的关键是：（1）如何确定学习对象？（2）学习什么？（3）学习什么最适合本校发展？（4）学习的方法是什么？这四步曲有道理吗？

4. 对任何先进经验永远不能照抄、照搬、囫囵吞枣、生吞活剥地机械学习？

5. 学习他人的先进经验忌“水土不服”，为什么？因为优势与条件伴生？

6. 学习、消化、吸收—引进—实践—再创新的学习方法的优势在何处？

7. 消化的过程，是分析、研究的过程。分析、研究是“消化液”，分析研究的水平越高，消化能力越强？

8. 吸收他人的“营养”，是自己缺乏的营养？而绝不是全部吸收，为什么？

9. 引进的过程，是学校增进新鲜血液的过程，是为学校发展助力的过程。“血型必须匹配”？

10. 实践的过程，也是检验是否适用的过程？

11. 再创新是“他被我用”的过程，为什么？

12. 这种学习方法的优点是什么？

13. 学习可以落地的精华、忌水土不服是学习的原则？

14. 忌生搬硬套，忌囫囵吞枣地学习是学习的原则？

15. 学习、消化、吸收—引进—实践—再创新的学习方法其优势在什么地方？

16. 只有消化了才好吸收、才能吸收，如何在消化上下功夫？

17. 消化是学习的基本功？消化是学习的能力？消化是学习的方法？

18. 研究学习的方法，永远是学习的第一步，你认可吗？

19. 消化需要能力、需要水平，消化的基本功是什么？

20. 消化的能力常常决定学习优势、引进优势的效益，你承认吗？

## 一八九、“一全二精、三材一化、与时俱进”职业教育思想值得推广

分析：

1. 何为与时俱进？是体现时代性、把握规律性、富于创造性？是对与时俱进的解释？

2. 何为三材一化？是人才、器材、教材称为三材？一化是校园文化建设？

3. 三材是学校办学的硬实力？

4. 一化是学校办学的软实力？

5. 与时俱进可以看成是一条办学原则吗？

6. 与时俱进是对办学的一个要求？

7. 一全是全面贯彻党的教育方针？

8. 教育方针是国家教育的总方向、总目标、总要求，是教育基本政策的总概括？

9. 教育方针对任何一所学校办学都有硬性的约束力，为什么？

10. 二精能精准定位教学中的知识点、技能点？能精准定位教学中的

知识点、技能点要达到教学的基本水平?

11. 教育思想是以“二精”带多精，是以结果带过程精、措施精、方法精，以求教育过程的精益求精?

12.“二精”确定的是教学的基本点和基本要求，上不封顶?其优点何在?

13. 针对二精，可以制定教学基本要求?

14. 对二精的内容，学校可以自定?

15. 对二精的水平，学校可以自定?

16. 对知识、技能教学要达到的基本水平，学校可以自定?它表明学校的教学水平?

17. 制定二精的过程，是培训教师的过程?

18. 制定二精的过程，是推动教师形成知识结构的过程?

19. 二精的内容，是基本的教学水平，同时也是培训教师的过程?如何理解?

20. 二精明确教学目标，明确基本教学水平，是对教与学的精确指导?

21. 二精的确定，有利于确定、安排教学时数?

22. 二精的确定，有利于安排教学设备?

23. 二精的确定，有利于改变教与学中的浮躁情绪?

24.“一全二精、三材一化、与时俱进”是一套完整的职业教育思想，其给人们的启示是什么?它是如何指导办职业教育的?

25. 这一职业教育思想是如何提高教育质量?

## 一九〇、提高育人效果要注意专业中的课程结构

分析:

1. 专业中的课程结构是人为的?

2. 专业中的课程结构塑造学生的知识结构?

3. 学生的知识结构可以看成是他的能力结构吗?至少在培养能力结

构吗？

4. 专业结构—知识结构—能力结构—人才结构是紧密相连的四个结构？互相影响，相得益彰？

5. 学生最终的能力结构决定于专业结构？

6. 社会上用人才常常是跨学科的人才，在这样的情况下，如何考虑专业的课程结构？

7. 社会上用人才的规格在不断地变化，专业的课程结构如何适应这种变化？

8. 人才结构的变化要求课程结构的变化，课程结构的变化要求教育的改革，为什么？

9. 课程的改革可能较为容易，而适应改革的教师需要培养，这是改革的中心任务？

10. 课程的改革可能较为容易，而适应改革的器材需要保量，这也常常是改革的阻力或困难？这项改革需要资金的支持？

11. 客观实践证明：学校在其办专业的过程中，各专业联系得越密切，学校改革的难度越小，有一定的道理吗？

12. 跨学科的人才结构，对学校的改革提出了怎样的挑战？

## 一九一、对教材的评价

分析：

1. 教材是落实课程的重要载体？

2. 根据教材安排活动形式、时间？

3. 教材是死的，教学是活的，教材能否发挥作用，提高教学水平，主要取决于教师应用教材的水平？

4. 教材常常决定授课的内容和水平？

5. 评价教材的适用程度，有不同的标准，是因为教学的目的、教学的水平有差异？

6. 可以从目的性评价教材，教材本身的使用要达到什么目的？

7. 可以从科学性评价教材，这是教材最基本的属性？

8. 可以从实用性评价教材，这是教材选择的依据？

9. 可以从时代性（先进性）评价教材，教材应当与时俱进，与经济社会的发展变化而变化？与人才结构的变化而变化？这是教材的“生命”？

10. 可以从逻辑性（结构性）评价教材，这体现的是教材的知识结构，影响教师和学生知识结构的形成？

11. 用五性评价教材是最基本的内容，教材语言的通俗性、教材图表的精准性等，都在评价的范围之内？

12. 教材中问题的设计艺术是体现教学水平和特色的又一指标，教材中的问题常常具有概括知识的作用，教授学习方法、科学方法的作用，启发思维提高学习水平的作用等？

13. 教材应当与时俱进地更新，这是对教材最基本、最重要的要求？

## 一九二、设定授课观测点的意义

分析：

1. 学校设定的教学观测点，是学校研究教与学理论的结晶？

2. 学校设定的教学观测点，是学校倡导的教学思想的具体体现？

3. 学校设定的教学观测点，是对教师素质的基本要求？

4. 学校设定的教学观测点，是对教学质量保证的一种措施？

5. 学校设定的教学观测点，是培训教师的一种方法？

6. 学校设定的教学观测点，是学校对教育管理的综合信息的反映体？

7. 学校设定的教学观测点，是与时俱进的？

8. 学校设定的教学观测点，是学校重要的教学文件？

9. 学校设定的教学观测点，是贯彻教育方针的具体体现？

10. 学校设定的教学观测点，是来自于教师，又应用于教师的教学指导文件？

11. 学校设定的教学观测点，设定的范围永远是有限的，教师应当在此基础上，灵活应用，充分展示教师的能力和教学艺术，教学效果是最好的答案？

12. 学校的教学研究机构，应当充分、细致地研究他校的教学观测点（教学评价量表或教学评价体系），取长补短，找到提高教育质量的最适合学校的教学观测点？

## 一九三、职业教育讲授课的观测点

分析：

1. 教案的完整性（授课的依据）。
2. 教学目的的确定（教学任务的确定）。
3. 教师教学的基本功。
4. 课的结构。
5. 教学目的完成的情况。
6. 教学内容的科学性、逻辑性。
7. 教具的使用及其效果。
8. 对学生素质的培养。
9. 教师贯彻教育方针的具体表现。
10. 教师遵循教学原则的具体做法。
11. 教学是极为复杂的过程，针对不同的讲授内容可以设置不同的观测点？
12. 职业教育讲授课的观测点，是评价讲授的参考项目？
13. 设置讲授课的观测点，实际上在教授教师怎样上课？
14. 设置讲授课的观测点，实际上在提示教师上课时应注意的事项？
15. 设置讲授课的观测点，实际上是学校设置的评课基本标准？
16. 设置讲授课的观测点，实际上在提示备课时应注意的重点内容？
17. 学校设置讲授课的观测点，是教学评价的一部分内容，体现教与学理论的研究水平？

18. 学校设置讲授课的观测点，是为了提高教学水平？是提高教学水平的推动力？

19. 学校设置讲授课的观测点，是对教师教学的基本要求？

## 一九四、职业教育实训课的观测点

分析：

1. 教案的完整性（授课的依据）。
2. 教学目的的确定及其完整性（教学任务的确定）。
3. 教师教学的基本功，特别是教师实操的基本功。
4. 教学内容的科学性、逻辑性。
5. 课的结构是否合理。
6. 示范操作是否规范。
7. 是否注意培养学生的职业道德？
8. 是否注意培养学生的职业习惯？
9. 是否注意学生规范性操作？
10. 是否能对学生进行因材施教？
11. 是否突出实训中的重点、难点和关键点，如何帮助学生克服难点？
12. 是否对学生进行安全教育？安全防护措施是否按规范做好？
13. 是否注意对学生学习方法和科学方法的培养？
14. 是否完成了教学任务？
15. 是否调动每名学生学习的积极性？
16. 教师对课程的总结的水平？
17. 实训课有各种不同的教学形式，应当根据不同的授课内容、授课形式，分别设有不同的观测点？
18. 实训课学生应当有预习报告？预习报告的功能是什么？学校如何设计预习报告？预习报告是学校的教材？是学生参加实训的教科书？

## 一九五、竞赛的目的决定操作竞赛的方法

分析：

1. 办事方法对，事半功倍；否则，事倍功半，对否？

2. 办任何事，都要讲究方法，争取获得事半功倍的效果？

3. 办任何事，方法使用越恰当，获得的效果越好？

4. 方法的使用，是根据办事的目的而定，目的考虑得越周全，设计使用的方法越周全，达到办事的目的越全面，为什么？

5. 办任何事使用的方法，应根据目的而定，目的发生变化，方法应当随之改变，为什么？

6. 办任何事，确定完整的目的很重要，“目的决定方法的设计与使用”，可以这样思考吗？

7. 职业教育中的技能竞赛，是经常发生的事，如何确定职业教育技能竞赛的目的是极为关键的事，“目的决定方法的设计与使用”？

8. 如何确定职业技能竞赛的目的，决定于举办者对举办竞赛的意图，对否？为什么？

9. 举办者确定的竞赛意图，决定其操作的方法，对否？

10. 如何向竞赛要多功能的效益，是需要很好研究的问题？为什么？

11. 竞赛有多少功能？有多少效益？目前一些职业竞赛的方法，能充分发挥竞赛的功能吗？

12. 不能充分发掘竞赛的目的，竞赛的功能必然受损？损失的是竞赛的效益？

13. 有必要研究竞赛的功能吗？

14. 举办竞赛的目的完全取决于举办者对竞赛功能的理解，完全取决于对竞赛功能的认识，为什么？

15. 我国职业竞赛的目的完整吗？竞赛的效果应当评价吗？

16. 我国职业竞赛的方式、方法有值得改进的地方吗？

17. 职业竞赛的目的是检查职业教育的水平，可以这样思考吗？

18.“拔尖式竞赛”的优点是什么？不足是什么？它能检验出学校实际教育的水平吗？

## 一九六、向职业技能大赛要多功能效益

分析：

1. 职业技能大赛的效益是什么？这是应当认真研究的关键问题？

2. 职业技能大赛的目的是检验（评价）学校职业教育的水平？

3. 职业技能大赛的目的是推动学校提高教育的水平？

4. 职业技能大赛的目的是检验或评价职业教育使用教材的水平？推动改革教材？

5. 职业技能大赛的目的是为研究机构提供活生生的试验？推动提高研究的水平？

6. 职业技能大赛的目的是为了总结我国职业教育的经验？

7. 职业教育的技能大赛是为了推广我国职业教育的经验？

8. 职业教育的技能大赛是为了提高学校管理的水平？

9. 职业教育的技能大赛是为了检验教学器械的有效性？

10. 要获得职业教育技能大赛的多功能效益，应当采用怎样的操作方法来实现这些目的？

11. 通过竞赛如何才能反映出职业教育的真实水平？这是竞赛的重要目的？

12. 每个参赛学校自己推荐几名教师和学生参赛，能达到竞赛的多功能的目的吗？

13. 何种职业技能大赛，能反映出学校实际教育水平？

14. 必须随机抽取学生参赛，这样才能有效地展示学校教育的水平，为什么？

15. 向职业技能大赛要多功能的效益，是技能大赛的目的？

## 一九七、校企合作要在七个字上下功夫

分析：

1. 校企合作要在七个字上下功夫，这七个字是：“产、学、研、育、用、效、策”，可以这样思考吗？

2. 七个字来源于“为任何一项事业服务都是一个体系”，可以这样思考吗？

3. “产、学、研、育、用、效、策”之间是什么关系？如何相互联系又相互促进？

4. 产指什么？产有广义内容和狭义内容，这样是否可以把产字的内容分析得更彻底？思考问题更全面？

5. 产指产业、指生产、指企业、指产出人才、指产出技术、指产出产品、指产出优化的育人环境、指产出优化的合作机制、指实际生产需要、指生产的实际技术、指生产的实际环境，可以这样理解吗？

6. 从广义的角度思考产，给人们会带来哪些启发？

7. 学指学校、指学生、指学员、指互相学习、指学习技术、指学习工作程序、指学习作风、指学习习惯、指学习一切职业岗位上要求的素质，可以这样理解吗？

8. 将学变为学堂、变为学校、变为学习环境，会给人们带来哪些启发？

9. 研指研究、指研发，是从动词角度来考虑研？

10. 研指研究院所、研究单位、研究工作，是从名词角度来考虑研？

11. 产、学、研从动词来考虑，从名词来考虑，带给人们的启示是什么？

12. 育是产、学、研重要目的之一，重要成果之一，如何理解？

13. 育指育人、育项目、育方法、育机制？

14. 育在七个字中承上启下，育既是工作的结果，又是开展下步工作

的前提，育出人才是结果，育出人才又是开展下步工作的前提，如何理解？

15. 用是工作的结果，又是对工作的检验，“能不能用”“好不好用”“效果如何”，如何思考用既是成果又是检验，既是成绩又激励发展，对否？为什么？

16. “效”，指效益、指效率。效是工作的成绩，又是对整个系统工作的检查，检验。效是“裁判员”，又是对工作的总结，可以这样思考吗？

17. “策”是整个系统的团结剂，表现在何处？

18. “策”是整个系统的推动力，表现在何处？

19. “策”是整个系统的软实力，表现在何处？

20. “策”决定整个系统的效益，表现在何处？

## 一九八、向“产、学、研、育、用、效、策”中的每一个字要效益

分析：

1. 产学研是合作的形式？

2. “育”是产学研的中心工作？

3. “用”是产、学、研的工作目的？

4. “效”是检查产、学、研、用的结果？

5. “策”（指政策、制度）是产、学、研的团结剂？

6. “策”是产、学、研的推动力？

7. “策”是产、学、研、用的增效剂？

8. 为任何一项事业服务都是一个体系，如何优化体系？如何优化体系的结构？如何优化体系中各元素之间的关系？

9. 产、学、研、育、用、效、策之间是什么关系？如何优化这种关系？

10. 校企合作，要向产、学、研、育、用、效、策的每一个字要效益，怎么要法？

11. 提高校企合作的效益，要研究产、学、研、育、用、效、策之间的结构及其相互之间的关系，是校企合作的关键，为什么？

12. 向产、学、研、育、用、效、策要效益的关键，是向这个体系要效益，为什么？

13. 如何优化产、学、研、育、用、效、策这个体系？

## 一九九、提高人们对职业教育认可度的关键是提高职业学校的教育质量，学生可以愉快地找到工作

分析：

1. 何为认可度？何为对职业教育的认可度？是对职业教育的认可度还是对学校的认可度？

2. 对职业教育的认可度低的原因是什么？其根源是什么？其本质是什么？为什么低？

3. 一所学校认可度高的原因是什么？是社会评价？是学生评价？是教育系统评价？

4. 对学校认可度高的原因是能培养出社会认可的高水平的人才？

5. 提高对职业教育的认可度的关键是提高职业教育的水平？提高培养人才的水平？

6. 提高对职业教育认可度的关键是能培养出社会认可度高的人才？这是根本？对职业教育认可度高的学校常常表现在就业率？

7. 社会上的人们普遍如何看待职业教育？如何评价职业教育？

8. 职业学校培养出来的人才水平，社会上的舆论倾向如何？

9. 职业教育培养出来的人才在社会上好就业吗？有的用人单位进人公开讲“只能是某些学校的学生可以报名”，这样的用人倾向对职业教育有什么影响？为什么会出现这种情况？

10. 学生毕业后都是为了能找到一份称心如意的工作，职业教育培养出来的学生好就业吗？对一些单位而言连报名资格都不给何况就业？

11. 社会一些单位对职业教育或明或暗的种种“政策”，显示对职业教育的认可度？

12. 将教育分为职业教育和普通教育，扩大职业教育的概念范围，是改变舆论的一种做法？是影响舆论的一种做法吗？

13. 提高职业教育的认可度，政府应当加大对职业教育的投入，迅速改变职业教育的办学水平，对否？为什么？

14. 职业教育永远是社会教育中的重要组成部分，对教育分为三六九等，相当于对人分为三六九等，这样不利于办教育，有一定的道理吗？

15. 对职业教育的认可度相当于对职业教育培养出人才的认可度，有这样的关联影响吗？

16. 职业教育和普通教育是两种不同类型的教育，它们对社会有不同的贡献，对否？它们对社会的发展有不同的不可替代的作用，对否？

17. 提高社会对职业教育的认可度是一个系统的问题，如何理解？怎么解释？

## 二〇〇、提高职业教育质量使学生有获得感、幸福感和荣誉感

分析：

1. 什么是学生的获得感？

2. 什么是学生的幸福感？

3. 什么是学生的荣誉感？

4. 一个人的获得感、幸福感、荣誉感从何而来？

5. 职业学校的毕业生，当他获得什么就有了获得感、幸福感和荣誉感？

6. 职业学校的毕业生走向社会，当他被社会重视不被歧视，就有了获得感、幸福感和荣誉感？

7. 职业学校的毕业生走向社会，他被社会重视、不被歧视的根本原因

在于他“成才的水平”?

8. 职业学校毕业生“成才的水平”，由学校教育水平而定?

9. 职业学校毕业生“成才的水平”，决定其找到称心如意的工作的水平，决定其幸福感、获得感和荣誉感?

10. 职业教育的水平、学生成才的水平、学生找到工作的水平，三个水平紧密相连，“三平决定三感”，有一定的道理吗?

11. 社会大环境对学生“三感的水平”是如何影响的?

12.“三感”是对学生精神上的压力，如何解“三感产生的压力”?

13. 如何分析“三感”产生的主观因素?如何分析“三感”产生的客观因素?

## 二〇一、研究职业教育基本规律的意义

分析：

1. 什么是职业教育?

2. 职业教育有什么规律?

3. 规律指出了人们工作的路径和方法，规律是无声的命令，研究职业教育的规律是为了找到职业教育优化的路径和方法?

4. 研究职业教育的规律，指导人们如何办好职业教育?

5. 研究职业教育的规律，遵循职业教育的规律，是为了提高职业教育质量?

6. 研究职业教育规律，使人们不迷失职业教育的方向?

7. 研究职业教育规律，可以针锋相对培养职业人才?

8. 研究职业教育规律，可以与时俱进地培养职业人才?

9. 研究职业教育规律，可以针锋相对、与时俱进培养职业教育的师资?

10. 研究职业教育规律，可以系统规划学校的设置?

11. 研究职业教育规律，可以节约教育资源，强化教育中的重点、难

点和关键点，大幅提高教育人才质量？

12. 研究职业教育规律，我国职业教育研究的水平如何？职业学校、教师的知晓度如何？

13. 研究职业教育规律，遵循职业教育规律、落实职业教育规律，是办好职业教育永恒的办学思想，对否？为什么？

## 二〇二、职业教育基本规律之一是针锋相对

分析：

1. 何为针锋相对？
2. 职业教育要针锋相对社会的发展？
3. 职业教育要针锋相对行业的发展？
4. 职业教育要针锋相对技术的发展？
5. 职业教育要针锋相对用人标准？
6. 职业教育要针锋相对市场需求？
7. 职业教育要针锋相对地区的经济？
8. 职业教育要针锋相对社会就业岗位？
9. 职业教育要针锋相对地区的人才优势？
10. 职业教育要针锋相对学校的办学优势？
11. 职业教育要针锋相对职业教育政策？

## 二〇三、职业教育基本规律之二是与时俱进

分析：

1. 什么是与时俱进？
2. 职业教育和与时俱进是什么关系？
3. 与时俱进是体现时代性、把握规律性、富于创造性，通过这“三

性”如何理解与时俱进？

4. 职业教育如何体现时代性？

5. 职业教育如何体现规律性？

6. 职业教育如何体现创造性？

7. 与时俱进如何体现职业教育的规律？

8. 与时俱进对职业教育提出了什么要求？

9. 与时俱进对职业学校提出了什么要求？

10. 职业学校如何推动教师的素质能与时俱进？

11. 职业学校如何推动教学设备能与时俱进？

## 二〇四、职业教育基本规律之三是可持续发展规律

分析：

1. 何为可持续发展？

2. 社会是可持续发展的，表现在何处？

3. 社会的职业技术是可持续发展的，对否？

4. 学校的职业教育应当随职业技术的发展而发展，对否？

5. 社会上职业岗位对工作人员的要求在可持续发展，职业教育培养的人才如何随之而可持续发展？

6. 可持续发展对学校办学提出了什么要求？

7. 职业学校的办学思想如何能可持续发展？

8. 职业学校的“三材一化”（人才、器材、教材，校园文化）如何能可持续发展？

9. 职业学校培养出来的人才不能与社会可持续发展同步发展，效果会如何？

10. 如何理解职业教育要优先发展的必要性？职业教育为社会发展预先储备人才？育德智体美劳全面发展的人才？

11. 职业学校培养出来的学生具备什么品质才能可持续发展？

12. 职业学校培养出来的学生具备可持续发展能力的基础是“人好、活好”？是德智体美劳全面发展？

13. “人好、活好”可以作为职业教育的基本规律吗？

14. 学校具备什么条件，才能具有可持续发展的能力？

## 二〇五、职业教育培养的人才与社会需求的人才应当“同频共振”

分析：

1. 何为“同频共振”？只有两个频率相同的物件才能产生共振现象？且振幅最大？

2. 职业教育培养的人才水平与社会需求人才水平“同频”是什么含义？

3. 只有同频才能共振？职业教育培养的人才水平与社会需求人才水平“共振”是什么含义？

4. 职业教育培养的人才与社会需求人才能做到“同频共振”，对学校的教育提出了什么要求？

5. 我国职业教育培养的人才与社会需求人才能做到“同频共振”的学校有多大的比例？专业有多大的比例？

6. “同频共振”可以是对办职业教育的指导？

7. “同频共振”可以看成是对办职业教育的一种评价？

8. 社会用人“频率”在变，要求学校育人的“频率”也要变，这一改变对学校办学提出了什么要求？

9. 职业教育培养的人才与社会需求的人才能“同频共振”，学校办学最大的困难是什么？

10. “同频共振”的关键是“三材一化”（人才、器材、教材，校园文化）与社会需求“同频共振”，对否？为什么？

11. “同频共振”的本质是学生出校的素质与工作岗位要求人才的素质

"合拍"，相匹配，对否？为什么？

## 二〇六、职业教育应当完成的任务是培养学生的素质与工作岗位要求的素质"合拍"

分析：

1. 什么是"合拍"？此处的"合拍"表示协调一致？育才与用才如何协调一致？

2. "合拍"才能产生"共鸣"，育才与用才才能协调一致？

3. "合拍"是对职业学校办学水平的最简约的表述？

4. 做到"合拍"，对职业学校提出了什么要求？

5. "合拍"可以看成是评价职业学校办学水平最粗而又是最准的评价？

6. 做到"合拍"，要求学校能针锋相对，与时俱进地培养学生？

7. 做到"合拍"，对学校而言是很难的事情，其难在何处？

8. 做到"合拍"，是学校的育人体系与社会需求的"合拍"，对否？为什么？

9. "合拍"与"同频共振"是从不同侧面表述对职业学校的要求，对否？为什么？

10. 如何评价职业学校办学是否"合拍"？有评价体系吗？

## 二〇七、职业教育中的"学"与工作中的"用"要"合拍"

分析：

1. 职业教育的教育目的是什么？

2. 职业教育中的教育目的根据什么而定？

3. 办职业教育应当避免"所学非所用"？

4. 办职业教育应当避免"所学非所需"？

5. 办职业教育应当避免“所学不够用”？

6. 办职业教育应当避免“所学不能用”？

7. 办职业教育应当避免“所学不好用”？

8. 办职业教育应当避免“所学偏离用”？

9. 办好职业教育应当避免“所学不知往哪儿用”？

10. 办好职业教育，力图学与用“合拍”？

11. “合拍”对职业教育提出了什么要求？

12. 办好职业教育，要在学生在工作中用上下功夫？

## 二〇八、要找到评价高水平职业学校的标准

分析：

1. 高水平职业学校，没有举世公认的标准，对否？为什么？

2. 高水平职业学校，永远是相对的高水平？

3. 高水平职业学校，永远是一定条件下的高水平，对否？为什么？

4. 高水平职业学校，常常是一定阶段的高水平，对否？为什么？

5. 高水平职业学校，常常是由局部的高发展为整体的高，这是发展的规律吗？

6. 研究高水平职业学校，在研究职业学校办学的方向？在研究发展的目标？

7. 研究高水平职业学校，在指明高质量的教育水平？在指明学校管理的水平？在指明学校服务的水平？

8. 研究高水平职业学校，在明确管理者的素质？在培训管理者的素质？

9. 研究高水平职业学校，在明确培训教师的素质？明确教师的发展方向？

10. 研究高水平职业学校，在研究评价高水平职业学校的标准？

11. 研究高水平职业学校，在研究高水平职业学校的竞争力？

12. 评价高水平职业学校的标准，不是人为固定的模式，而是毕业生在社会上取得的成绩，可以这样思考吗？

13. 如何引进社会对职业学校的客观评价机制？这样做的优点是什么？

14. 评价高水平职业学校，社会评价可能更客观？更有利于办学水平的提高？

15. 评价高水平职业学校的目的，不在于给学校戴什么花环，而在于推动职业学校提升办学水平，为社会能培养出更多优秀的人才？

16. 用人单位对学生工作的评价，是最客观的评价，也是应当提倡的评价方法，对否？

17. 我国对职业学校的评价标准是否应当改革？由主观评价变为客观评价？由即时评价变为延时评价？由“条条评价”变为学生实际工作水平的评价？

## 二〇九、高水平职业学校高在何处

分析：

1. 什么是高水平职业学校？

2. 高水平职业学校的特征是什么？

3. 研究高水平职业学校的意义在什么地方？

4. 高水平职业学校有一定的标准吗？

5. 没有绝对的高水平，只有相对的高水平，对否？在这样的情况下，研究高水平职业学校意义何在？

6. 研究高水平职业学校，是对人们举办高水平职业学校的一种引导，启发，对否？

7. 研究高水平职业学校，采用的是理论与实践相结合的研究方法，其具有理论上的意义，又有实践上的意义，对否？为什么？

8. 研究高水平职业学校，可以从不同的角度，采用不同的方法研究，从而有不同的结论，对否？为什么？

9. 研究高水平职业学校，为评价高水平的职业学校提供了重要的参考内容，对否？

10. 研究高水平职业学校，为培训学校领导、教师提供了可以参考的内容，对否？

11. 研究高水平职业学校，提供高水平职业学校可以参考的内容，对办职业学校是一个很好的激励？是目标激励？

12. 研究高水平职业学校，在于推动职业学校向高水平发展，对否？

13. 研究高水平职业学校，有利于借鉴国外职业教育的水平与发展，对否？为什么？

14. 研究高水平职业学校，有利于推动高水平职业学校发展经验的总结与推广？

15. 研究高水平职业学校，有利于评价高水平职业学校？

16. 研究高水平职业学校，有利于研究职业教育理论水平的提高？

## 二一〇、高水平职业学校高在何处之一——高在功能

分析：

1. 高水平职业学校高在功能，你认可吗？

2. 职业学校的功能是传授知识、传承文化、传授技能、培养人才、服务社会？

3. 职业学校的功能是培养人才？培养什么人才？标准是什么？

4. 职业学校的功能是服务社会？学校用什么服务社会？

5. 职业学校的功能实质是其对社会的贡献？

6. 职业学校的功能是其对社会的责任？

7. 职业学校的功能是对其评价的基本点？

8. 职业学校的功能是培训学校领导素质的切入点？

9. 职业学校的功能是培训学校教师素质的切入点？

10. 职业学校的最主要的职责是培养德智体美劳全面发展的社会主义

建设者和接班人？

11. 职业学校的功能是建设高水平职业学校的着力点？

12. 职业学校升格的本质是学校功能的升格？升格意味水平的提高？

13. 高水平职业学校高在功能，如何评价？

14. 高水平职业学校高在功能，如何体现在服务社会？

15. 高水平职业学校高在功能，如何培养？如何评价？有评价的体系吗？

16. 高水平职业学校高在功能，这功能的水平是与时俱进的？

## 二一一、高水平职业学校高在何处之二——高在贯彻教育方针

分析：

1. 高水平职业学校高在全面贯彻党的教育方针，并取得好的效果，对否？为什么？

2. “把党的教育方针全面贯彻到学校工作的各方面”，在实际办学中如何评价？

3. 如何评价贯彻教育方针的水平？

4. 如何评价学校贯彻德育的效果？

5. 如何评价学校贯彻智育的效果？

6. 如何评价学校贯彻体育的效果？

7. 如何评价学校贯彻美育的效果？

8. 如何评价学校贯彻劳育的效果？

9. 何为高水平贯彻教育方针？

10. 教育方针解决学校办学方向问题？目标问题？评价问题？

11. 高水平职业学校理解教育方针全面、执行教育方针坚决、贯彻教育方针效果好，对否？为什么？其表现形式是什么？

12. 如何评价学校贯彻教育方针的效果？有评价体系吗？

13. 学生德智体美劳全面发展水平，要看全校教师德智体美劳发展的水平，有一定的道理吗？

14. 高水平职业学校高在全面坚决有效贯彻教育方针，高在师生的德智体美劳的高水平，对否？为什么？

15. 师生在教育方针的培育下，全人格的高水平是高水平职业学校的最显著的特征，对否？为什么？

16. 教育方针指明了教育目的、教育过程、教育成果，可以这样思考吗？

17. 教育方针是评价学校办学水平的宏观指标，如何利用这一宏观指标提高学校的办学水平？

## 二一二、高水平职业学校高在何处之三——高在能与时俱进

分析：

1. 高水平职业学校高在能与时俱进？

2. 与时俱进是体现时代性，把握规律性，富于创造性？

3. 高水平职业学校能体现“三性”，将“三性”融为一体，互相促进、相得益彰？

4. 与时俱进不是一两位老师的与时俱进，而是全体教师的与时俱进，对否？如何操作？

5. 与时俱进不是一两项工作的与时俱进，而是整体工作的与时俱进，对否？如何操作？

6. 与时俱进可以作为一条工作原则吗？成为办学治校的原则吗？

7. 与时俱进是学校办学体系的与时俱进？

8. 学校不仅要有与时俱进的思想，还要有与时俱进的能力和方法，体现在何处？

9. 学校的办学思想如何与时俱进？

10. 学校教师的水平如何与时俱进？

11. 学校授课的教材如何与时俱进？

12. 学校各项规章制度如何与时俱进？

13. 学校的教学设备如何与时俱进？

14. 如何评价学校的工作是否与时俱进？

## 二一三、高水平职业学校高在何处之四——高在特

分析：

1. 高水平职业学校高在特，如何理解？

2. 特指学校办学的特点、特殊、特别、特色、特效？

3. 特中蕴含着创、蕴藏着优、蕴藏着效，可以这样思考吗？

4. 特要求学校有时代要求的先进的职业教育思想？

5. 特要求学校有优化的育人体系？

6. 特要求学校有优化的管理体系？

7. 特要求学校有优化的育人环境？

8. 特要求学校有优化的育人机制？

9. 特要求学校有优秀的特殊人才？

10. 特要求学校能总结特、明确特、挖掘特、利用特，从而获得特殊的育人效果？

11. 特要求学校能打扮特、发展特、创新特，从而使特发挥更大的效益？

12. 特的后边常常蕴藏着“巧”，在“巧”的后边又蕴藏着“效”，其含义在什么地方？

13. 特追求的是效，对否？

14. 在特中求效，在效中显特，是特的一个特点吗？

15. 特是能在特殊的环境下，去追求最优化的育人方法，从而培养出特别优秀的人才，对否？

16. 高水平职业学校能利用特，使其产生方方面面的特殊效益，这是研究特，利用特的关键之处，对否？关键是如何培养特、利用特？

## 二一四、高水平职业学校高在何处之五——高在精

分析：

1. 如何解释精？指精细？指精神？

2. 精指学校在办学的过程中，能精打细算、能精益求精、能精雕细刻、能精耕细作？

3. 精，要求学校办学想得精、做得精、处处能精打细算？

4. 精，要求方法精、过程精，做事精益求精？

5. 精，要求教师教得精，学生学得精，人人能精雕细刻？

6. 精，是学校的一种精神？

7. 精，是学校的一种作风？

8. 精，是学校行为的准则？

9. 精，是学校倡导的思想？

10. 精，是渗透在所有课程中的隐蔽课程？

11. 精，是渗透在整个教育过程中的一种软实力？

12. 精益求精是高水平职业学校做事的显著特点？

13. 精益求精是高水平职业学校育才的显著特点？

14. 职业学校全体工作人员精益求精的精神，是高水平职业学校的显著特点？

15. 精的本质是做事认真负责？是人们做事认真负责的稳定的心理特征？

16. 没有精就没有准，精是过程，准是结果，精是为准服务的？

## 二一五、高水平职业学校高在何处之六——高在稀

分析：

1. 如何解释稀？是稀有？是稀少？是稀缺？稀有珍贵之意吗？

2. 高水平职业学校，高在稀，要求学校能准确判断职业教育发展的形势、趋势？

3. 高在稀，要求学校能适时准确判断国家最需要的人才？

4. 高在稀，在于学校能为国家发展与时俱进地培养出稀缺人才？

5. 做到高在稀，要求学校的办学思想超前？

6. 做到高在稀，要求学校各项办学措施超前？

7. 做到高在稀，要求学校能未雨绸缪地做教育改革之事？

8. 做到高在稀，要求学校准确“诊断”社会发展的形势，为社会的技术需求做好足够的准备？

9. 做到高在稀，要求学校能准确判断国家人才的空白？

10. 做到高在稀，要求学校能准确判断国家技术的空白？

11. 做到高在稀，当其他学校不能完成的工作而学校可以独立完成，并取得好的成绩？

12. 做到高在稀，要求学校有创新精神，为国家担当起其他学校完不成的任务？

13. 做到高在稀，要求学校有敏锐的观察力，能与时俱进地为国家培养稀缺人才，能与时俱进地完成相应的科研任务？

14. 做到高在稀，要求学校有较高素质的管理团队？有较高素质的科研人员？有很好的育人机制？有优化的办学体系？

## 二一六、高水平职业学校高在何处之七——高在适

分析：

1. 适指什么？指适应？指适时？指适宜？指适合？

2. 高在适，主要指学校培养出来的学生适合社会的需求？适应工作岗位的要求？

3. 高在适，要求学校办学方向、办学定位适当、准确？

4. 高在适，要求学校既能为国家送未雨绸缪的人才，又能送雪中送炭的人才？

5. 高在适，是对职业学校办学体系的考验？

6. 高在适，是对职业学校课程设置的考验？

7. 高在适，是对职业学校办学责任心的考验？办学方向的考验？

8. 高在适，是职业学校办学永恒的主题？

9. 高在适，形势永远在变化着，要求学校能与时俱进地适应形势的变化而推动学校工作的变化？

10. 高在适，是学校办学体系的适，对否？

11. 高在适，要求职业学校培养出来的人才，与工作岗位需要的人才“合拍”，能“同频共振”，对否？为什么？

12. 高在适，要求学校办学体系的适，实际上是对办学体系严格优化的要求，对否？为什么？

## 二一七、高水平职业学校高在何处之八——高在创

分析：

1. 创，指创新？指创造？

2. 创新是改造或改变已确定的工作？

3. 创新是改造或改变固定的方法？

4. 创新是一个新奇的实践?

5. 创新的本质是能根据任务，想方设法，千方百计，克服困难，完成任务，取得优异的成绩，从而给工作带来可观的效益?

6. 高水平的职业学校，常常有旺盛的创新精神?有恰当的激励机制?

7. 高水平的职业学校，常常有为创新服务的一套完整的体系?

8. 高水平的职业学校，常常有激励创新的机制?且能与时俱进地适应形势?

9. 高水平的职业学校，常常有强烈的责任心，有福民强国的强烈愿望?

10. 高水平的职业学校，常常能将“一点”创新，使这星星之火，促其尽快燎原?

11. 高水平的职业学校，常常能将“一线”的创新，促其扩，尽快做到以线带面?

12. 高水平的职业学校，常常能认真学习创新理论，推动全员参与创新?且效果显著?

13. 高水平的职业学校，常常能在全员中强化创新意识，改进工作，提高工作效率?

14. 高水平的职业学校，有韧性、有毅力，有顽强攻关的干劲，有原始创新的精神，这是保持创新动力的根本?

## 二一八、高水平职业学校高在何处之九——高在前

分析:

1. 前，指提前?指前面?

2. 前，要求学校能做未雨绸缪的工作?

3. 前，要求学校能落实“教育优先发展”战略?

4. 前，要求学校将校内各项工作能落实“教育优先发展”战略?

5. 高在前，学校能思想在前，研究在前?

6. 高在前，学校能学习理论在前，实践在前?

7. 高在前，学校为教育服务的体系优化在前？

8. 高在前，学校优化学校办学体系在前，这是办好一切前的“前提”？

9. 高在前，学校能将学校功能的各项工作做在同行之前列？

10. 高在前，学校能培养出服务社会潮流前端的人才？

11. 高在前，能当同行的排头兵，对办职业教育有一定的示范和引领作用？

## 二一九、高水平职业学校高在何处之十——高在服务

分析：

1. 服务的含义是什么？

2. 服务是在职责的范围，为他人的工作或集体的工作提供力所能及帮助，使他人的工作更顺利、更方便？

3. 为任何一项事业服务都是一个体系，对否？为什么？强调体系，意义何在？

4. 高在服务，要求学校要有体系意识，要研究服务体系、改革体系、优化体系，充分利用体系为事业服务，原因何在？

5. 学校的服务体系，是学校办学的实力之一？为什么这样讲？

6. 职业学校高在服务，高在能全心全意为师生的各项工作服务，给工作带来便利？

7. 学校的服务体系是领导体系的一部分，体现领导的思想和责任心？

8. 学校的服务体系，常常是决定办学校效益的重要因素，为什么？

9. 学校服务体系所形成的作风，严重影响学校的校风的形成，其为形成校风助力？

10. 高水平的职业学校，高在服务的原因是其充分认识到“高在服务”是学校办学的实力之一，充分发挥学校优质服务的功能，可以充分发挥提高办学的效益？

11. 高水平的职业学校，服务的水平在不同程度地反映领导的水平，

是容易觉察的反映领导能力的一面镜子？

## 二二〇、研究技能形成规律的意义

分析：

1. 办任何事，总有一定的规律可循，对否？为什么？

2. 办任何事，只有按办事的规律做事，常常会收到良好的效果？

3. 研究技能形成的规律，在研究提高技能形成的优化方法吗？

4. 研究技能形成的规律，在研究培训教师的方法吗？

5. 研究技能形成的规律，在帮助教师设计优化的教学方案吗？

6. 研究技能形成的规律，是评价学生学习水平的一个标准吗？

7. 研究技能形成的规律，是评价教师教学水平的一个指标吗？

8. 研究技能形成的规律，可以准确确定教师的教学目标吗？

9. 研究技能形成的规律，可以准确确定学生学习的水平吗？

10. 研究技能形成的规律的根本目的，在于精准提高教育的水平，对否？为什么？

## 二二一、技能形成的规律指导教与学的规律

分析：

1. 规律是对事物本质认识的结晶，对否？

2. 技能形成的规律存在吗？

3. 不同的技能有不同形成的规律？

4. 技能形成的普遍规律是什么？

5. 规律永远是无声的命令，规律在规范人们的行动？指导人们的行动？评价人们的行动？

6. 技能形成的规律，在指导教师的教学？

7. 技能形成的规律，在指导教师的教学方法的安排与优化组合？

8. 技能形成的规律，在培训教师？

9. 技能形成的规律，是教师教学的规律？

10. 技能形成的规律，是为学校教学条件开出的清单？

11. 技能形成的规律，指导教师总结教学经验？提高教育的水平？

12. 技能形成的规律，是指导学生学习的规律？

13. 技能形成的规律，在指导学校制定对技能教学的评价标准？评价的基本因素？

14. 技能形成的规律，在指导教师如何编写教科书？

15. 技能形成的规律，在指导如何评价教师的教学水平？

16. 研究技能形成的规律，在指导教与学，领导与管理的具体工作？

17. 如何发挥技能形成的规律在教与学、领导与管理的多功能作用？

18. 技能形成的规律，是最优秀最精辟的教科书，是最优秀的教师，而且是永远也不过时的教科书和教师，如何理解？

19. 研究技能形成的规律，有不重视、研究不充分的问题，是现实吗？

20. 在职业技能培训的过程中，没有充分发挥“规律”的效益，没有利用好“规律”的应有功能，是现实吗？

21. 技能形成的规律，是职业教育的重要理论，是“方向盘”，是“指挥棒”，可以这么看吗？

22. 技能形成的规律，是无声无语最好的老师？在教什么？

23. 如何充分利用技能形成的规律，充分发挥其多功能的作用？

24. 对技能形成的规律研究得充分吗？是方法问题还是认识问题？

## 二二二、技能形成的规律之一——百闻不如一见

分析：

1. 如何理解百闻不如一见？

2. 如何发挥“闻”的功能？

3. 如何发挥“见”的功能？

4. 人们的认识规律是怎样的？为什么“见”的功能常常大于“闻”的功能？

5. 在技能形成中，如何确定“见”的形式？

6. 在技能形成中，让被培训者“见”什么？

7. 在技能形成过程中，采用什么形式、什么方式让被培训者见？

8. 教师在教学中，如何充分利用“见”的功能？

9. 教师在教学中，如何充分利用“见”的功能降低学习的难度？

10. 教师在教学中，让被培训者见图，见视频，还是让被培训看见实物？见虚的还是见实的？见局部还是见整体？

11. 在“见”的过程中，教师的教学艺术是什么？

12. 在“见”的过程中，教师如何突出重点、难点和关键点？

13. 在“见”的过程中，如何向“见”要效益？向见的功能要效益？

14. 在“见”的过程中，如何提高学生学习的积极性？

15. 在“见”的过程中，教师如何引导“见”？完成教学任务？

16. 如何充分利用见的功能？挖掘见的功能？总结见的功能？能总结出见的一般规律是什么？“百闻不如一见”，只见一次吗？

## 二二三、技能形成的规律之二——百见不如一练

分析：

1. 如何理解“百见不如一练”？

2. 如何发挥“见”的功能？在见的基础上，提高练的效益？

3. 如何发挥“练”的功能？

4. 如何挖掘“练”的功能？总结“练”的功能？

5. 教师如何指导学生“练”？

6.“练”的最优化的程序是什么？

7. 教师如何安排练的程序？有什么规律吗？先易后难？先里后外？先

下后上？先粗后细？

8.“练”的最重要一点是安全，如何保证？

9. 如何向“练”要最大的效益？

10. 在被培训者练的时候，教师的工作是什么？是观察？是指导？先手把手后放开手？

11. 在被培训者练的时候，教师应当巡回指导，这是因材施教的好机会？如何捕捉？

12. 在被培训者练的时候，当遇到普遍的问题，教师应当如何处理？

13. 在被培训者练的时候，教师如何总结教学中出现的问题？由“练”反映教师教学什么问题？反映学生学习什么问题？

14. 在被培训者练的时候，教师如何体会学生学习的态度？特别是学生认真负责的态度？

15. 在被培训者练的时候，是一人一组还是多人一组？人数不同效果大不相同？

16. 在被培训者练的时候，教师如何禁止“观察员”的出现（在一旁袖手旁观，只看不练）？

17. 在被培训者练的时候，如何促其“思”（思考为什么），如何促进其“理”（理论联系实际）？

18. 在被培训者练的时候，如何促其“勤”、“思”、“理”？

19. 技形成于“勤”，技形成于“思”，技形成于“理”，如何理解“勤、思、理”三个字的含义？

20. 如何向练要综合效益？这是教师教学的水平？这是对教学效果的检验？这是培训学生能力的最好机会？

## 二二四、技能形成的规律之三——熟能生巧

分析：

1. 如何理解“熟能生巧”？

2. 练习到什么程度算“熟”？有标准吗？教师心中有数吗？

3. 教师在教学的过程中，如何促进“熟”？

4. 何为巧？巧的含义是什么？

5. 教师如何促进学生在练的过程中“生熟”，由熟生巧？其过程的实质是什么？如何“演变”？

6. 巧是操练过程中的窍门？

7. 巧是操作过程中的简便方法？

8. 巧是操作过程中的获得概括性知识后又好又快的操作方法？

9. 巧是操作过程中被培训者获得的经验？

10. 巧是教师传授知识与实践相结合，被培训者获得优化的操作方法？

11. 由熟到巧的规律是什么？如何研究这一规律？如何利用这一规律？

12. 由熟到巧的规律在提示最优化的教学方法？

13. 如何研究由熟到巧的规律？研究的过程是培训教师的方法吗？研究的过程是在研究提高教学效益吗？

14. 在实际教与学的过程中，研究由熟到巧的规律的成果如何？

15. 巧中含优，优中含效，有道理吗？

## 二二五、技能形成的规律之四——养成良好习惯

分析：

1. 人的习惯是怎样养成的？

2. 在实际操作中，需要培养学生良好的习惯吗？

3. 在技能形成的教学中，要培养学生良好的习惯，是教学应有之义吗？

4. 在实际操作中，为什么要培养学生良好的习惯？教学中有忽视的情况吗？

5. 良好的习惯是培养技能的一部分内容吗？

6. 在操作的程序中，始终渗透习惯对操作的影响，对否？为什么？

7. 如何理解任何一项工作都是一个人全人格参与的过程？习惯是全人格当中的一要素？

8. 在实际操作中，特别是在刚刚开始学习技能时，此时是形成良好习惯的最佳时期，可以这样理解吗？实际教学如何？

9. 良好的习惯体现人的素质？良好的习惯对培养人的技能有什么作用？

10. 良好的习惯是一个人认真负责态度的表现？

11. 培养学生良好的习惯，是教学中的重要内容，对否？为什么？

12. 学生在操作时，教师应当如何培养学生良好的习惯？

13. 如何考察学生的操作习惯？重在平时？重在无意之中？重在其习惯动作之中？

14. 培养学生良好的操作习惯，是教育成功的一半，可以这样认识吗？

15. 习惯是什么？习惯是无数次习惯性动作积累而成的无意识动作的表现？

16. 在教学实践中，如何重视良好习惯的养成？为操作安全服务？

17. 学生在学习技能时所形成的习惯，不容易改变，对否？将其作为技能形成的规律，你同意吗？

18. 习惯的形成，非朝夕之功，对教师的教学提出了什么要求？

19. 良好的习惯常常是良好技能形成的一部分，你同意这样的观点吗？

20. 在实际教学中，有忽视习惯培养的趋势吗？“严师出高徒”，其严在什么地方？

## 二二六、技能形成的规律之五——熟练的技能不易遗忘

分析：

1. 熟练的技能，不容易遗忘。这句话作为技能形成的规律之五，你同意吗？

2. 几十年不骑自行车的人，有自行车上来就骑，可以证明上述的观

点吗？

3. 如何使学生形成具有良好习惯的熟练技能？

4. 技能的形成，有人说“技形成于勤”，可以吗？勤是勤学苦练？

5. 技能的形成，有人说“技形成于思”，可以吗？如何理解？

6. 技能的形成，有人说“技形成于理”，可以吗？如何理解？理指的是什么？形成技能要理论联系实际，理论指导实践，为什么？

7. 技能的形成，是“勤、思、理”的有效结合，你同意吗？怎么结合？

8. 在技能形成的过程中，如何把握“勤、思、理”的度？

9. 在技能形成的过程中，如何形成良好的技能结构？在这方面的研究如何？

10. 要形成学生良好的技能结构，教师有技能结构的意识吗？

11. 要形成学生良好的技能结构，教师有良好的技能结构吗？

12. 良好的技能结构，是提高技能水平，提高学技能效益的有效途径，对否？为什么？

13. 不同的技能有不同的结构，组成结构的关键是元素及元素之间的关系（顺序），对否？

14. 由“勤、思、理”，如何促进学生“熟”？

## 二二七、技能形成的规律之六——理论指导实践

分析：

1. 感觉到的东西不一定能深刻理解，只有理解的东西才很容易感觉到它。将这句话作为技能形成的规律，可以吗？为什么？

2. 理论来源于实践。理论指导实践。理论高于实践。理论具有一般性的品格，对否？如何将这四句话用于形成技能之中？

3. 在培养学生技能时，不但要教其如何操作，还要教其为什么这么操作，这是对教师的要求，对否？这是“一劳永逸”的教学吗？

4. 这一技能形成的规律，对教师提出了什么要求？在教与学的过程中，如何将理论引进实践之中？加强理解中的实践？

5. 培训学生的技能，还要培训其理论联系实际的能力，有道理吗？

6. 理论的理解对学生形成技能有什么优势？有概括化迁移的功效吗？

7. 理论是概括化的知识，概括化的知识具有迁移的价值，在技能形成的过程中，如何促进技能的概括？促其技能的迁移？

8. “技形成于理”的关键在于教师在教学的过程中如何渗透理？如何利用理？如何用理提高教学的水平？降低学习的难度？促学生由例及类的学习？

9. 技能—概括—理论六个字紧密相连，如何将其有机渗透于教学之中？使学生能形成稳定的心理特征？

10. 如何改革技能的教学？如何提高技能教学的效益？

11. 按技能形成规律的教学，是技能教学改革的方向？

## 二二八、精准的含义——精在细微处，准在操作中

分析：

1. 何为精？

2. 何为准？

3. 精和准之间的关系是什么？

4. 精是为准服务的，对否？

5. 准是精的结果？

6. 在职教中，如何做到精？

7. 技能的形成在于勤，对否？

8. 技能的形成在于思（思考），对否？

9. 技能的形成在于理（理论），对否？

10. 培养学生精准操作的关键，在于培养学生“勤、思、理”？

11. 培养学生精准操作要培养学生良好的操作习惯？

12. 培养学生精准操作，要培养学生的责任心?
13. 培养学生精准操作，要培养学生的全人格?
14. 培养学生精准操作，教师要有精准的培养方法?
15. 培养学生精准操作，要有恰当的严格的规章制度?
16. 培养学生精准操作，要设计精准的教与学的过程和方法?
17. 培养学生精准操作，要有恰当的评价体系?
18. 培养学生精准操作，学校应当配有精准的操作工具?
19. 精准操作是学生的责任心+技术的“合成”?
20. 如何理解“精在细微处，准在操作中”?
21. 精准操作是工匠必备的品质，对否?
22. 什么培训体系，在培养学生的“精”“准”的精神与能力?

## 二二九、研究技能水平的意义

分析:

1. 何为技能?是技术和能力的简称?
2. 如何评价技能水平?
3. 我国八级工制是评价技能水平的方法吗?它是如何指导技能的培养的?
4. 技能水平在指导教学吗?它的教学意义是什么?如何发挥其多功能的效益?
5. 不同的专业可以制定不同的技能水平吗?它是研究技能形成规律的成果吗?
6. 研究技能水平，在培训教师吗?
7. 研究技能水平，在指导教师如何制定教学计划吗?
8. 研究技能水平，在指导教研人员如何制定教学评价体系吗?
9. 研究技能水平，在指导学校教育设备的配备吗?
10. 研究技能水平，在指导制定教学计划吗?

11. 研究技能水平，可以为教师（技师）晋级提供依据吗？

12. 研究技能水平，用其可以评价学校教学水平吗？

13. 研究技能水平，在为学生就业打基础吗？

14. 研究技能水平，可以转化为学生的学习水平吗？

15. 研究技能水平，是职业学校必须制定的教学文件，为什么？

16. 研究技能水平，它的功能是什么？

## 二三〇、技能形成水平第一级——了解

分析：

1. 技能形成水平第一级是了解，有什么含义？

2. 了解是知道相关内容，对学习的技能仅有初学的认识或印象，可以吗？

3. 了解是一个重要的教学过程，其重要在什么地方？明确学习对象做好心理准备？

4. 了解是确定学生学习目标的第一步，它引起学生的注意、思考，可以这样理解吗？

5. 在了解的过程中，教师如何设置疑团，强调重点，确定学习内容？

6. 在了解的过程中，教师采用何种方式让学生了解更清晰？并且能有深刻的印象？

7. 在了解的过程中，教师可以采用电化教学手段，使学生了解学习目标？

8. 在了解的过程中，教师采用实物的方法，使学生了解学习目标？

9. 在了解的过程中，教师采用讲实例的方法，使学生了解学习目标？

10. 在了解的过程中，教师采用“见习参观”的方法，使学生了解学习目标？

11. 在了解的过程中，教师可以因地制宜、因事制宜、因人制宜、因条件制宜，采用多种方法，让学生在了解的过程中，明确学习目标？

12. 了解的过程可以看成是教学的“序曲”，如何挖掘和利用其功能？

13. 教学中了解的教学意义是什么？如何向“了解”要教学效益？

14. 教师利用“了解”的教学艺术是什么？强化印象，明确学习目的？

## 二三一、技能形成水平第二级——理解

分析：

1. 技能形成水平第二级是理解，有什么含义？

2. 理解是在初步认识的基础上，能对其中的基本道理、操作规范、结构等进行初步解释，可以这样确定吗？

3. 理解是在了解的基础上进一步的教学，为实际操作做些理论上的铺垫，可以吗？

4. 如何利用理解这一步教学？如何向理解要教学效益？

5. 理解教学是讲道理、讲理论的关键，对否？为什么？如何利用好这一教学环节？

6. 理论指导实践，理解是提高理论水平的最关键的教学环节，如何理解？

7.“技形成于勤、思、理”，这还是“纸上谈兵”的理论，这一教学过程有什么特点？

8. 教师在这一教学过程，如何推动学生在理论上的理解？促其在实践中进一步理解？

9. 教师如何利用基本道理说明操作规范，是极为重要的教学过程，对否？为什么？

10. 理解这一环节，是理论联系实践的关键环节，教师应在理论与实践联系上下功夫，在理论指导实践上下功夫，这是教学极为关键的环节，对否？目前教学存在什么问题？

## 二三二、技能形成水平第三级——模仿

分析：

1. 什么是模仿？

2. 学习技能需要模仿吗？

3. 模仿学习是学习技能的一种形式，也可以说是一种重要形式，可以这样讲吗？

4. 模仿学习的最大优势是什么？

5. 模仿学习带来的最大问题是什么？

6. 模仿学习在模仿标准操作，对否？

7. 模仿学习是对教师操作标准化的要求，对否？为什么？

8. 模仿学习与发现学习的最大区别是什么？模仿学习可以提高学习效率吗？发现学习为什么在培训技能时效益较差？

9. 有相当多的模仿学习比发现学习的学习效率高，可以这样思考吗？有这样的实践吗？

10. 模仿学习在技能学习中，占有相当大的比例，对否？有些学习内容是必要的学习，对否？为什么？

11. 模仿学习与发现学习矛盾吗？应当根据学习的内容、学生学习的积极性而定，对否？如何体现“教学有法，但无定法”？

12. 在模仿学习中，多问学生几个为什么，是提高模仿学习水平的重要步骤，可以这样思考吗？

13. 模仿学习的教学要领是什么？如何向模仿学习要效益？

## 二三三、技能形成水平第四级——初步掌握

分析：

1. 技能形成水平第四级，初步掌握的含义是什么？

2. 初步掌握是在模仿水平的基础上，在教师的指导下能进行较为规范的操作，基本完成任务，可以吗？

3. 初步掌握是在教师的指导下，是独立完成操作任务的第一步，此时教师的重点教学内容是什么？什么是“先入为主”？

4. 初步掌握阶段，教师应当注意其良好操作习惯的养成吗？

5. 初步掌握阶段，教师应当注意操作安全的教学吗？

6. 初步掌握阶段，教师应当注意规范操作的方法吗？

7. 初步掌握阶段，教师应当注意使学生养成勤俭节约的品德吗？培养其整洁卫生的好习惯吗？

8. 初步掌握是在教师的指导下，教授操作技巧，养成按操作规范操作的好习惯吗？

9. 初步掌握是在教师的指导下，推动学生认真总结整体操作的体会吗？成功之处在什么地方？失败、失误在什么地方？

10. 教师应当认真总结这一阶段学生的总体“表现”？为教师提高教学水平提供最实际的实践活动？这是教师积累教学经验的好机会？

11. 在“初步掌握”教学阶段，教师应总结教与学的经验，为操作技能水平的升级打好基础？教的经验是根据学生学的“经验”而来？

12. 学生在初步掌握阶段的教学要领是什么？

## 二三四、技能形成水平第五级——掌握

分析：

1. 什么叫掌握？

2. 技能形成水平达到掌握其含义是什么？

3. 将掌握定义为能进行规范操作，完成相关任务，可以吗？

4. 学生达到掌握的操作水平，这是教师“放开手”的第一步，教师应当如何“放手”？

5. 在学生将达到第五级水平之前，教师应当对学生的操作进行全面评

价吗？

6. 学生在自己独立操作时，教师应当如何指导？是放手不管吗？

7. 在学生独立操作前，学生应当有预习操作的报告吗？特别应写出注意事项吗？

8. 学生在自己独立操作时，教师应当如何指导？并将教学内容渗透于学生操作之中？

9. 学生在自己独立操作时，教师应当仔细观察每名学生的操作，对否？为什么？便于因材施教？

10. 在学生独立操作过程中，教师应当进行阶段性评价吗？将“问题”及时纠正？

11. 学生在独立操作时，若出现大多数学生操作有问题时，教师应当现场教学，指出问题的关键，说明正确的操作，有必要进行示范，这样是教学的常规吗？它带给教学的启示是什么？它表明教学中的问题吗？它表示教学中的漏洞吗？是教师利用“失误”，强化教学的时机吗？

12. 学生独立操作的教学重点是什么？如何提高独立操作的教学效益？

## 二三五、技能形成水平第六级——熟练掌握

分析：

1. 何为熟练掌握一项技能？

2. 熟练掌握是能在规定的时间内进行规范操作，完成相关任务，可以吗？

3. 达到熟练掌握技能的学生，可以说完成了在学校实际训练的任务，对否？为什么？

4. 有必要让学生写实训报告吗？

5. 有必要让学生写从了解到熟练掌握整个过程的心得体会吗？

6. 教师用什么方法检验学生达到了熟练掌握的水平？

7. 教师如何总结从了解到熟练掌握全过程的教学？这是培训教师的一

种方法吗？

8. 有必要师生共同总结实训的全过程？

## 二三六、工匠精神就是“人好活好”

分析：

1. 精神指什么？

2. 科学家精神、劳模精神中的精神指什么？

3. 精神是人的优良品德的概括性表述？

4. 什么是工匠精神？有确切的定义吗？

5. 工匠常常指的是技能，精神常常指的是职业道德的概括性表述？这样理解对吗？

6. 只有工匠才有工匠精神吗？

7. 工匠精神指凡是在任何一个工作岗位上工作的人，都应当具有工匠精神，对否？为什么？

8. 一名打字员也应当具有工匠精神，对否？为什么？

9. 在宣传工匠精神上，有不恰当的地方吗？会造成什么不良影响？

10. 在工作中，如何培养工匠精神？

11. 在职业教育中，如何培养学生的工匠精神？

12. 工匠精神体现的是一个人的全人格？

13. 培养学生的工匠精神，教师首先要有工匠精神，对否？

14. “精神需要精神的感染”，“人格需要人格的教育”，强调教者的工匠精神，是理所当然的事吗？

15. 如何培养教师的工匠精神，在这方面研究得如何？

16. 在职业教育中，有必要强化教师的工匠精神吗？

17. 工匠精神应当成为职业学校的校风，对否？为什么？

## 二三七、培养工匠精神的落脚点之一是对事业的热爱

分析：

1. 对本职工作的热爱，是所有工作者能成为工匠的最基本的品质，对否？为什么？没有爱就没有钻，没有钻就没有精？

2. 只有热爱本职工作，才能下功夫钻研本职工作，在工作中认真体验才能专心学习本职工作，对否？

3. 对本职工作热爱的人，才会把所有的爱心、耐心、细心贯注到工作中去，对否？

4. “功夫不负有心人”，给有心人的回报是会很快掌握技能，迅速提高技能水平，对否？为什么？

5. 在“爱中生巧”，在“爱中成匠”，是因为爱带来了不厌其烦的努力，爱使“苦”变甜，使烦恼转为快乐，产生克服困难的勇气和决心，对否？为什么？

6. 在职业教育中，如何培养学生对事业的热爱？

7. 培养学生对事业的热爱，非朝夕之功，要做润物细无声的工作，对否？

8. 培养学生对事业的热爱，是一个系统工程，要做“腌萝卜式的工作”，对否？关键怎么腌？谁来腌？此工作可持续吗？

9. 培养学生对事业的热爱，关键是培养学生的责任心，对否？为什么？

10. 榜样的力量是无穷的，如何利用榜样的力量培养学生对事业的热爱？

11. 在教与学的过程中，教师善于激励，是培养学生对事业热爱常用的方法，教师如何利用激励？

12. 培养学生对事业的热爱，是培养学生若干优秀品质的基础，是用品德培育品德的一种方法，可以这样思考吗？

## 二三八、培养工匠精神的落脚点之二是把握工作的规律性

分析：

1. 规律是法则。规律永远是无声的命令。规律指出了人们工作的路径和方法。对否？为什么？

2. 把握工作的规律性，要求教者有认真研究规律的意识，认真探索规律，能真正地掌握规律并将其有计划地渗透于教学之中，对否？为什么？

3. 把握工作的规律性，使人们的工作能系统设计，有序安排、优化“施工”，提高工效，对否？为什么？

4. 把握工作的规律性，在优化程序的基础上，优化施工方法，使人们的工作容易做到“熟能生巧”，熟和巧推动对工作的精雕细刻，对否？为什么？

5. 把握工作的规律性，关键在于掌握了优化工作的方向、程序、方法，对否？为什么？

6. 在教与学的过程中，如何推动学生能掌握工作的规律？教师的功夫下在何处？

7. 把握工作的规律性，是工作经验的总结与概括，是理论与实践的紧密联系结合的产物，对否？为什么？

8. 在教与学的过程中，如何推动学生对理论与实践工作进行总结、概括？促其规律性地总结？

9. 在教与学的过程中，如何推动学生使其能将理论联系实际、理论联系实用？理论联系实例？强化学以致用的意识？

10. 不同的工作、不同的操作，有不同的规律，教师如何适时推动学生对经验进行总结、概括？

11. 在教与学的过程中，如何适时塑造学生技能结构的形成？技能结构中存在规律性吗？

12. 学生的技能结构能有力地推动学生掌握工作的规律性，对否？为什么？

13. 形成学生的技能结构，促进其掌握工作的规律性，需要一点一滴地培养，急于求成很难成功，对否？为什么？

14. 培养学生掌握工作的规律性，是教师教学水平的具体体现？

15. 培养学生掌握工作的规律性，是概括水平教学的具体体现？

16. 培养学生掌握工作的规律性，是教学要达到的目的之一？

17. 培养学生掌握工作的规律性，对教师的素质提出了什么要求？对教师具体教学提出了什么要求？对学校的教学设备提出了什么要求？

## 二三九、培养工匠精神的落脚点之三是思维的整体性

分析：

1. 思维的整体性就是思维的系统性？

2. 思维的整体性要求能全面了解、理解事物的全貌、事物发展变化的全过程、事物的整体结构、事物的全部功能？

3. 思维的整体性要求整体思考、整体规划、整体设计、整体要求？

4. 思维的整体性要求对事物、工作任务的整体研究、系统考虑施工、系统考虑工作全过程、系统考虑工作程序与工作程序之间的关系？

5. 思维的整体性要求对事物的全貌、工作任务的全貌的了解、理解，掌握，深刻了解每一工作程序之间的关系，每一环节在整体中作用？

6. 思维的整体性要求工作者有整体思维的意识，有系统思维的方法？

7. 思维的整体性要求工作者对所做的工作能做到心中有数、胸有成竹，在此基础上能优化施工？

8. 思维的整体性要求工作者能布置全局，突出重点、突破难点，合理安排精力？

9. 思维的整体性要求工作者有良好的知识结构，在优化全局的情况下，优化施工细节？

10. 思维的整体性要求工作者从全局的角度考虑细节，从细节的角度优化全局？

11. 做到思维的整体性是工作者对工作认真负责的表现？是技术成熟的表现？是做好工作的必然素质要求？

## 二四〇、培养工匠精神的落脚点之四是思维的严密性

分析：

1. 何为严密性？

2. 严密性指思考周到，思考细致，没有疏漏？

3. 做到思维的严密性，首先要有高度的责任心？

4. 做到思维的严密性，要熟悉工作的全过程？

5. 做到思维的严密性，要求工作者对工作要反复思考、反复验证？

6. 做到思维的严密性，要求工作者对工作有反复检查的习惯？

7. 做到思维的严密性，要求工作者在工作中能瞻前顾后，能前后、左右、上下思考工作的全过程，万一有不恰当之处，能马上补救？

8. 做到思维的严密性，是对人的全素质的考验？

9. 做到思维的严密性，是对人工作习惯的考验？

10. 做到思维的严密性，受到工作环境的影响吗？如何体现环境育人？

11. 培养人做到思维的严密性，非朝夕之功，是环境系统对人的长期培育的结果？

12. 做到思维的严密性，工作者必须具有系统的观点，有把握系统的能力，对否？

13. 做到思维的严密性，要求精雕细刻工作的全过程？

14. 做到思维的严密性，才有可能减少工作中的失误，做到精益求精？

## 二四一、培养工匠精神的落脚点之五是思维的创造性

分析：

1. 何为创造？

2. 创造与创新有区别吗？

3. 创造是改变固有的事项？

4. 思维的创造性，要求工作者必须有克服困难的勇气和决心？

5. 思维的创造性，要求工作者有克服困难的智慧和方法？

6. 思维的创造性，在考验工作者的责任心和能力？

7. 思维的创造性，是工匠必备的品质，因为思维的创造性在培养着工匠精神的其他精神？

8. 思维的创造性，来源于责任心+掌握的科学方法？

9. 思维的创造性，来源于工作者的全素质？

10. 培养工作者思维的创造性，主要方法是什么？是灵感培养了工作者的思维创造性？灵感是工作者全素质开出的“一枝花”？

11. 培养工作者思维的创造性，要从培养责任心开始？责任心是培养所有品质的基础？

12. 培养工作者思维的创造性，是工作者各种品质互相联系的一个紧密系统，对否？应注意系统素质的培养？

13. 培养工作者思维的创造性，要培养工作者有善于观察和思考的品质？有高度的责任心和克服困难的勇气和决心？

14. 创造是工作者的全素质参加的活动？

## 二四二、培养工匠精神的落脚点之六是克服困难的勇气和决心

分析：

1. 任何人工作，必然会遇到各种困难，这是很平常的事？

2. 困难是对工作者的考验？

3. 困难是成功者的“磨刀石”？

4. 困难是对人的锻炼？是特殊的土壤在培育特殊的种子？

5. 困难培养人克服困难的勇气和决心？

6. 勇气和决心是克服困难的基本条件?

7. 在教与学的过程中，如何用“困难”培养人?如何用“困难”锻炼人?如何用“困难”考验人?如何用“困难”来评价一个人的品德?

8. 在教与学的过程中，如何培养学生克服困难的勇气和决心?如何可持续培养?使其成为学生稳定的心理特征?

9. 如何培养人能利用困难作为提高技艺的方法、提高自信心、培养能力的途径?

10. 有克服困难的勇气和决心的人，是其全人格特征的一种表现?

11. 任何一个人的工作都是全人格参与的过程，培养一个人的全人格，是培养克服困难的勇气和决心做好各项工作的“灵丹妙药”?

12. 是一个人的全人格在培养一个人的克服困难的勇气和决心?是互相促进的关系?

13. 一个人的全人格在培育一个人克服困难的勇气和决心，克服困难的勇气和决心又优化了全人格，对否?

14. 是一个人工作的环境及其本身的素质，在培养人克服困难的勇气和决心?

## 二四三、培养工匠精神的落脚点之七是认真吸取教训的进取心

分析:

1. 人们在工作的时候，总有失败的情况，如何对待失败是人的品德的具体表现?

2. 人们在工作的时候，对待失败的态度是对人的毅力、自信心、责任心的考验?

3. 人们在工作的时候，要认真收下这份大礼，这就是“失败奖给人们的警示和智慧”?

4. 失败，在激励人们在失败中寻找成功?

5. “失败是成功之母”，能否当母取决于对失败的态度？

6. 失败永远为成功奠基？

7. 失败是最好的老师？不讲情面的老师？是最严厉的老师？

8. 失败是培养人良好品德的原材料？

9. 失败，永远是成功的阶梯？

10. 失败，永远在激励有心人踏上成功之路？

11. 有些人在工作中，一败就走，一败就撂挑子，这是拒收失败奖给人们的礼物？

12. 在教与学的过程中，如何培养学生对待失败的“品德”，是教学成功的一种表现？

13. 失败的工作常常加强人们的记忆？

14. 失败是人们在学习中，针对个人而言是“量身定做”的教材，你能向这份教材学习吗？

15. 人们能正确对待失败，才能激励人们的进取心？

16. 任何失败都带给人们教训，认真对待教训，才会产生克服困难的勇气和决心？

## 二四四、培养工匠精神的落脚点之八是自力更生、艰苦奋斗、勤俭节约的精神

分析：

1. 何为自力更生？

2. 何为艰苦奋斗？

3. 何为勤俭节约？

4. 自力更生、艰苦奋斗、勤俭节约是中华民族的美德？

5. 自力更生、艰苦奋斗、勤俭节约是培养工匠精神的精神营养？

6. 自力更生、艰苦奋斗是克服困难、完成任务的推动力？

7. 勤俭节约是一种精神？是一种美德？是对人们工作的一种要求？

8. 勤俭节约，要求人们在工作的时候，能精打细算？

9. 勤俭节约，要求人们在工作的时候，能想方设法、千方百计，利用一切可以利用的材料，节约一切成本，争取工作中的最大效益？

10. 工匠发挥自力更生、艰苦奋斗、勤俭节约的精神，这精神又哺育工匠？

11. 在教与学的过程中，如何培养学生自力更生、艰苦奋斗、勤俭节约的美德？这是在培养学生事业成功的基础？

12. 人们在工作的过程中，会遇到各种各样的困难，自力更生、艰苦奋斗、勤俭节约的美德给人们克服困难的勇气和决心？

13. 自力更生、艰苦奋斗、勤俭节约是我国发展的看家本领、看家精神、看家美德？

14. 培养学生自力更生、艰苦奋斗、勤俭节约的精神，对教师的素质提出了什么要求？

## 二四五、培养工匠精神的落脚点之九是虚心学习的态度，助人为乐的精神

分析：

1. 何为虚心学习的态度？

2. 何为助人为乐的精神？

3. “满多损，谦受益”，“虚心使人进步，骄傲使人落后”，是规律？是真理？是至理名言？

4. 虚心推动人能精益求精地学？精雕细刻地学？

5. 虚心才有虚怀若谷的精神，谷才能装东西？才能装进东西？

6. 虚心才有虚怀若谷的精神，虚怀若谷才能虚心接受他人的意见和建议，才能将意见和建议当成良药，当成培养成长的动力？

7. 助人为乐，是帮助他人克服困难提升自己品德的机会？

8. 助人为乐也是助己为乐？

9. 助人为乐是看到别人乐的时候自己“精神上的乐”?

10. 助人为乐是在工作中，在别人需要的时候肯帮助别人。助人为乐是看到别人快乐而带给自己精神上的快乐，这是一种享受?

11. 培养学生助人为乐的精神，在培养学生践行社会主义核心价值观?

12.“虚心学习的态度，助人为乐的精神”应当始终贯彻教与学的全过程?

13.“虚心学习的态度，助人为乐的精神”是工匠精神的基本品德，在于其抓住了人才成长的精神支柱?

## 二四六、培养工匠精神的落脚点之十是对工作吃苦耐劳、认真负责的态度

分析:

1. 何为吃苦耐劳? 是人意志的表现?

2. 何为认真负责? 是做事不马虎?

3. 人们的工作没有一帆风顺的，必然会遇到各种各样的困难，克服困难，完成任务，是对人们的考验? 考验能力? 考验毅力? 考验精神?

4. 吃苦耐劳是对人的品德的培养?

5. 对工作认真负责，是人的良好品德，又是做事成功的基础?

6. 对工作吃苦耐劳、认真负责，是对人的品质的高度评价?

7. 吃苦耐劳、认真负责是做好各项工作的基础?

8. 吃苦耐劳、认真负责是对人的全人格的考验?

9. 吃苦耐劳、认真负责是万事成功之母?

10. 吃苦耐劳、认真负责是中华民族的传统美德，如何继承和发扬?

11. 在教与学的过程中，如何培养学生吃苦耐劳、认真负责的品德?

12. 随着经济条件的不断转好，吃苦耐劳、认真负责的品德的培养，有下滑的趋势，为什么?

13. 吃苦耐劳、认真负责是我国优秀品德的传家宝，如何使这“宝贝”

不丢失？

14. 培养学生吃苦耐劳、对工作认真负责，是在贯彻教育方针？是工匠精神的基本品德？

## 二四七、培养工匠精神的落脚点之十一是锲而不舍地追求完美

分析：

1. 何为锲而不舍？比喻坚持不懈？

2. 锲而不舍比喻有恒心，有毅力？

3. 恒心意为长久不变的意志？

4. 毅力意为坚强长久的意志？

5. 具有锲而不舍精神，要有极强的事业心、责任感？

6. 具有锲而不舍精神，能对本职工作高度地负责任？

7. 具有锲而不舍精神，有克服困难的勇气和决心？

8. 具有锲而不舍精神，有不断追求完善、完美，追求精益求精的精神？

9. 具有锲而不舍精神的人，是用坚强的毅力，一丝不苟的精神，克服一切困难的勇气完成任务？

10. 锲而不舍的精神，应当成为学校的一种文化？应当成为学生稳定的心理特征？锲而不舍的精神助学生成才？

11. 具有锲而不舍的精神、精益求精的精神，才有克服困难的勇气和决心，达到具有工匠精神的境界？

12. 在教与学的过程中，如何培养学生毅力、意志？这永远是培养锲而不舍精神的基础？

13. 培养学生锲而不舍的精神，对教师、对教学提出了什么要求？

14. 锲而不舍是工匠精神中“精神中的精神”？

## 二四八、培养工匠精神的落脚点之十二是对工作精益求精

分析：

1. 何为精益求精？是好中求再好吗？

2. 精益求精是对工作、对技能好了还要求更好、优秀还要求更优秀？

3. 对工作精益求精是人的一种美德？

4. 精益求精是对工作极端负责任的具体表现？

5. 精益求精是对待工作的态度？

6. 做到精益求精，工作者不仅有精神，有品德，还要有高超的技术？

7. 做到精益求精，不但能看到精还有能力能做到精？第一个精是目标，第二个精是技能？

8. 在工作中，如何将精益求精的精神贯彻到工作的始终？

9. 精益求精真正体现了“人好、活好”？

10. 在工作中做到精益求精，是在做熟能生巧中做到“熟能生精”，在巧中“炼精”？

11. 精益求精是工作者品德的表现，是工作者技能的表现？

12. 教师在教与学的过程中，如何体现精益求精的精神？

13. 对工作锲而不舍、精益求精，是培养职业人才极为重要的品德？

## 二四九、校风建设的意义

分析：

1. 校风是用学校的办学特色和风格“编写”的特殊的育人教科书？

2. 校风是学校育人的实力？

3. 校风是有力而无形的教师？

4. 校风是学校风气的“组织者”和“领导者”？

5. 校风是校园文化建设的一种表现形式，又影响校园文化建设？

6. 校风是学校多年积累的“育人经验”总结后的一种表现形式？

7. 校风对学生的思想有深刻的影响，有些是烙印般的影响，影响学生的一生？

8. 校风对校内师生员工的工作与学习有无形的影响力，又有不同程度的压力？

9. 校风的教育能是任何教科书也无法比拟的，因为其在校内处处存在，时时起作用？事事起作用？

10. 校风传播优秀文化又继承学校优良传统，它有长久的影响力？

11. 校园文化建设是落实教育方针的重要载体？

## 二五〇、校风建设的基本内容

分析：

1. 什么是校风？是学校的特色与风格？

2. 校风是如何形成的？

3. 校风的主要功能是什么？意义何在？

4. 校风建设是在建设教育人的实力？

5. 校风是学校教书育人的软实力？

6. 校风是一所学校师生员工精神面貌的集中反映？是学校多种信息的综合反映体？

7. 教师的教风是构成校风的一风？

8. 教师的研究风气是构成校风的一风？

9. 学生的学习风气是构成校风的一风？

10. 学生的考试风气是构成校风的一风？

11. 校内工作人员的工作作风是构成校风的一风？

12. 学校的领导成员的作风是构成校风的一风？

13. 校风是“六风”合起来形成的风气？

14. 校风不是一成不变的吗？为什么？

15. 学校领导的工作作风常常是兴风的风、管风的风、建风的风，对否？为什么？

16. 学校校风的形成常常与学校领导的工作作风密切相关，为什么？

17. 校风是管理的结果，又是育人的资源，它有多种育人的功能？

18. 如何理解校风是学校的教育能？

## 二五一、校园文化建设的意义

分析：

1. 校园文化是学校教育的力量？

2. 校园文化建设与社会主义先进文化建设是什么关系？

3. 校园文化与落实教育方针是什么关系？

4. 校园文化与培养学生社会主义核心价值观是什么关系？

5. 校园文化如何引导师生员工树立正确世界观、价值观、人生观？

6. 校园文化是一种特殊的教育能？

7. 校园文化影响人的思想、影响人的心理、影响人的行为、影响人的习惯，最终影响人应当怎样做人？影响人“三观”的形成？

8. 优秀的校园文化是在最佳时期对学生实施的最优化教育？它对学生会起到润物无声、润物无痕般引导、影响、教育的作用？

9. 校园文化帮助全校师生员工树立以爱国主义为核心的民族精神和以改革开放为核心的时代精神？校园文化在做“品德传家久”之事？

10. 校园文化建设的水平，体现学校的办学思想？体现学校办学的责任心？

## 二五二、校园文化建设的主要原则

分析：

1. 什么是校园文化建设？

2. 校园文化建设的基本原则是什么？

3. 为学校功能服务是校园文化建设原则？

4. 以人为本是校园文化建设原则？

5. 全面贯彻落实党的教育方针是校园文化建设原则？

6. 以充分体现社会主义先进文化是校园文化建设原则？

7. 教育最优化是校园文化建设原则？

8. 长期坚持、系统有序是校园文化建设原则？

9. 物质文化建设、行为文化建设、制度文化建设、精神文化建设是校园文化建设的着力点？

10. 校园文化是学校教育人的软实力，如何解释？其软在无形而有力？

11. 我国有对校园文化建设的评价体系吗？

12. 对学校进行教育评价应当加上校园文化的建设，这是极为重要的评价内容？

13. 校园文化对学生具有“腌萝卜”式的教育作用，可以这样理解吗？它有潜移默化、润物无声、渗物无痕的作用？

14. 我国学校校园文化建设的水平如何？形成的原因是什么？重视程度如何？

15. 如何理解校园文化是教育能？

## 二五三、牢牢把握住正确办学的方向

分析：

1. 方向比努力重要，其含义是什么？

2. 方向决定工作的目标，目标决定工作任务，工作任务决定工作措施和方法，措施和方法决定工作的效果？措施和方法落实工作目标？

3. 正确的方向决定正确的办学思想？

4. 教育的本质决定办学的方向？

5. 教育的规律决定办学的方向？

6. 国家对教育制定的法律、政策等决定办学的方向？

7. 学校的功能决定办学的方向？

8. 社会发展的规律决定办学的方向？

9. 办学的方向决定“头脑怎么想、手怎么干、腿往哪儿走、钱怎么花”，决定办学效益？

10. 办学的方向决定为国家培养什么人，怎样培养人，这是最根本的问题？

11. 培养德智体美劳全面发展的社会主义建设者和接班人是办学的根本方向？

## 二五四、用教学评价代替教育评价是教育中的最大失误

分析：

1. 本书一再强调教学评价与教育评价的区别，目的是什么？有这么重要吗？

2. 用教学评价代替教育评价是教育中的重大失误，你同意这种观点吗？

3. 教育评价应当用教育方针对学校的教育工作进行评价，有道理吗？

4. 教育评价应当评价学校的德育、智育、体育、美育、劳育的具体工作，对否？为什么？

5. 对学校进行评价，评价过学校“五育”的水平吗？

6. 对学校进行评价，评价过对学生进行社会公德、职业道德、家庭美德、个人品德的评价吗？

7. 对学校进行评价，评价过学校对学生进行“四德”的教育吗？

8. 教育方针是对学校进行教育质量评价的最高标准，用教育方针的落实情况评价过学校的教育水平吗？

9. 教育评价的标准决定了学校办学的水平，若教育评价出了问题，给教育带来的损失可以计算吗？

10. 教育方针是教育中的最高统帅，不评价学校落实教育方针的水平，对教育的损失有多大?

## 二五五、减轻中小学生过重课业负担可以用四种方法来研究

分析：

1. 中小学生课业负担的原因是由几个因素造成的? 如何分析这些因素?

2. 分析中小学生过重课业负担的原因，可以用动态的方法进行研究?

3. 分析中小学生过重课业负担的原因，可以用系统的方法进行研究?

4. 分析中小学生过重课业负担的原因，可以用减量的方法进行研究?

5. 分析中小学生过重课业负担的原因，可以用功=功率×时间的方法进行研究?

6. 学校能改变社会存在的一些现象吗?

7. 学校能改变学生家庭对学生的影响吗?

8. 学校能改变学校对学生教育的质量吗?

9. 学校能解开“就业—文凭—大学—考分”这把锁吗?

10. 学校为减轻学生过重的课业负担能做的工作是什么? 这是最实际、最容易落实的方法?

# 后 记

2013 年，我写了一本书，名曰《一万个为什么》，前后再版三次，在社会上收到了很好的反响。

海南科技职业大学杨秀英董事长看到此书，觉得有益，又认为教育部分内容不够充实，要加上职业教育等内容更好，并希望我和海南科技职业大学副校长张小莹商量，共同改写其中的教育部分，张小莹有更多职业教育经验。

按照杨秀英董事长的意见，我和张小莹共同研究，商讨增加的条目及其内容，二人合作，完成了此书，名曰《教育 4000 问》。

经过对原书教育部分内容的删改补增，收集到了 255 个一级问题，4308 个二级问题。提出这些问题的目的完全在于更好地落实教育优先发展战略，提高教育水平，全面贯彻落实党的教育方针，为教育的本质——福民强国奉献微薄之力。

书中所涉及的问题，表面看没有答案，是一种“启发式阅读”书籍，但仔细研究，部分答案又似乎隐藏于问题之中。

本书的体例极为特殊。作者提出这些问题，更多的是为了请教于读者，大家共同为提出的问题找到更准确更全面的答案，为了一个共同的目标——提高教育水平，为国家培养出更多更优秀的德智体美劳全面发展的社会主义建设者和接班人服务。

有人说提出一个问题可能比解决一个问题更重要，在一定的条件下可能会出现这种情况，作者并无这种想法。此书仅仅是愚者千虑，偶有一得。

本书为了保持文风一致，改变二人写书文风不一致，最后由王佐书统稿，由一种风格贯彻始终呈现本书中。

本书可以作为师范类师生的教与学的参考用书。

本书可以作为教师和教育管理人员教学与管理的参考用书。

本书可以作为教育研究人员的参考用书。

本书可以作为培训教师的参考用书。

需要说明的是：

本书自成一体。本书中的每个问题力图自成一体，因此避免不了书中问题中的小问题有重复出现的情况，但其背景不同，意义也略有差异，敬请读者原谅。

我们相信书中一定存在若干提法不恰当之处，欢迎读者不吝赐教。对书提出的任何一个批评都是送给我们的一份礼物，作者衷心感谢！

海南科技职业大学杨秀英董事长曾给书中的内容和问题提出若干意见和建议，在此表示衷心的感谢！

感谢开明出版社对本书编印及出版给予的关心、指导和支持。

王佐书

2023 年 9 月 21 日

**图书在版编目（CIP）数据**

教育4000问：为思考教育问题提供研究线索/王佐书，张小莹著. --北京：开明出版社，2024.1（2024.9重印）
ISBN 978-7-5131-8718-3

Ⅰ.①教… Ⅱ.①王… ②张 Ⅲ.①教育研究 Ⅳ.①G420

中国国家版本馆CIP数据核字(2024)第003581号

**出 版 人**：陈滨滨
**责任编辑**：魏红岩　刘桂梅
**美术编辑**：刘昭弘

**教育4000问：为思考教育问题提供研究线索**

出　版：开明出版社
　　　　（北京海淀区西三环北路25号　邮编100089）
印　刷：保定市中画美凯印刷有限公司
开　本：710mm×1000mm　1/16
印　张：17.5
字　数：290千字
版　次：2024年1月第1版
印　次：2024年9月第3次印刷
定　价：66.00元

印刷、装订质量问题，出版社负责调换。联系电话：(010)88817647